小林一三
日本城市文化奠基人

[日] 老川庆喜 著

陈娣 译

都市型第三次産業の
先駆的創造者

新星出版社　NEW STAR PRESS

序

　　1964年（昭和三十九年），东京成为亚洲第一个举办奥运会的城市，当时日本正处于经济高速发展期。自1960年以来，日本人的价值观逐渐发生了很大的变化，出现了所谓的高度大众消费群体。素以"节约"为美德的日本人，随着经济的高速发展，渐渐地认为"消费"才是一种美德。因此，日本国内的消费市场急剧扩大，诸如洗衣机、冰箱、家用汽车、空调、彩电等持久消费品，逐渐普及到市民家庭。运动、旅行、观光等大众休闲娱乐产业也逐步成长起来。

　　日本这样的大众消费现象，实际上在日俄战争之后就已经开始萌芽。特别是在第一次世界大战之后，在东京、大阪这样的大城市，城市化显著加快，市民中形成了公务员、教师、银行及公司职员等工薪族（白领）阶层，他们都是在大学或高等专科学校接受了高等教育的知识分子，被称为"新中产阶级"。

而本书介绍的小林一三就是在当时先于他人，抓住了大众消费社会到来这个时机，在日俄战争之后到20世纪20—30年代期间，以阪急电铁的经营为中心，积极展开住宅及土地开发、流通、休闲娱乐、观光等所谓的"城市型第三产业"，并成为众所周知的企业家。

本书的第一部主要讲述了小林一三从出生到离世的84年生涯。小林于1873年（明治六年）1月3日，在山梨县北巨摩郡韮崎镇出生。他在庆应义塾大学毕业后便于三井银行就职。生性爱好文学的他，以写小说和观看戏剧为乐，在三井银行期间并不能出人头地，但是自1907年创办了箕面有马电气轨道公司之后，便开始作为实业家活跃起来。箕面有马电气轨道公司如果只限于电气铁路业是无法维持运营的，小林在作出这样的判断之后，立刻在铁路沿线进行住宅地的分割出售，并开始经营电灯、电力的供给事业。与此同时，还设立了阪急百货商店，进军流通业。此外，还在箕面公园开办动物园，在宝塚设立新温泉区，为了招揽客人又创设少女合唱团。津金泽聪广在《宝塚战略——小林一三的生活文化论》（讲谈社现代新书，1991年）一书中，把小林在宝塚的事业称为"宝塚战略"，并洞悉到阪神（大阪和神户）间现代主义的形成。像这样独特的电气铁路经营，现在被认为是"日本式民营铁路经营的原型"。

小林作为实业家，一时声名大噪。

在阪神间电气铁路经营上大获成功的小林，也参与了东京的田园都市公司与东京电灯公司的经营，从而进军到东京市场。特别是在东京电灯公司，从董事先后升为副总经理、总经理，出色地实现了经营的重建，完成了阪急电铁的小林一三向"日本小林"的蜕变。在东京，除了这些以外，小林还投入到东宝和第一酒店的经营。特别对东宝公司的经营，小林倾注了非同一般的热情，甚至为了专心经营而辞去了阪急电铁的总经理之职。

本书的第二部则主要探讨了小林一三的经营方法及特点。小林虽然以电气铁路业为核心，实际上也参与到诸如土地及住房销售、电灯及电力供给、宝塚新温泉（宝塚歌剧团）、阪急百货商店、东京电灯、田园都市、东宝、第一酒店等各种各样企业的经营中。以"比别处物美，比别处价廉"为运营方针的阪急百货商店，虽然是面向大众（新中产阶级）为消费对象，每日都会进账的产业，但这一点和其他产业也是共通的。戏剧界的老字号松竹是以一部分的富裕阶层（赞助者）为消费对象，但更多是在做"酒水生意"，对此，小林提出了自己的"国民戏剧"构想，将剧场经营也转变成每日都会有进账的产业。而且，为了与帝国酒店等竞争而设立的第一酒店，说起来也是以广大工薪阶层为消费对象，在如今被称为商务酒店的经营理念下运营，这一理念可以说大大改变了今天的酒店经营理念。而被称为革新企业家的小林，他的本领也正体现在这一点上。

本书的第三部主要讲述了"人物·小林一三"。小林不仅是一位成功的实业家，还担任过商工大臣，被称作"活太阁"。而且，喜欢"茶道"的小林，对与人交流的喜爱超过了企业与政治。向小林传授经营所需的心理状态的岩下清周、唯一的亲友——被称为电力之鬼的松永安左卫门、备受小林尊敬的钻石公司创办者石山贤吉、女歌者（注：指专门创造和歌唱的人）谢野晶子等，与小林都是至亲好友，与这些人的交往逸事，简直就是他一生的真实写照。

不过，关于小林一三的著作，数量极其庞大。只需环视一下我的书架，就能发现很多，如东乡丰的《人物·小林一三》（今日问题社，1938年），三宅晴辉的《小林一三》（日本书房，1959年），岩堀安三的《伟才小林一三的经商方法——面向大众的休闲娱乐经营手法》（平言社，1972年），坂田宽夫的《我们的小林一三——纯洁、正直、高尚》（河出书房新社，1983年）等，不胜枚举。如果把论文、杂志、报纸等都列举出来的话，可能会列举很长的名单。本书虽然在很多方面都学习了这些关于小林一三的著作和论文，不过基本上都是依据

《逸翁自叙传》（产业经济新闻社，1953年）等小林一三自己的著作。

本书参考了以《逸翁自叙传》为代表的众多书籍，其中的大多数都多次变更出版社，重印再版。幸运的是，钻石社在1962年（昭和三十七年）年出版了《小林一三全集》（全七卷），这套全集几乎收录了小林的全部著作。本书中的引文多以全集为依据，注释则省略了其出版年份及出版商信息。此外，在引用时，适当增添了一些语句。

收录在全集中且被本书参考的小林著作的出版年份及出版商的信息如下所述（按出版年份排序）。

《雅俗山庄漫笔第一·二》（自费出版，1932年）

《奈良的旅社》（岗仓书房，1933年）

《我的活法》（斗南书院，1935年）

《接着到来之物》（斗南书院，1936年）

《如何处理事变》（实业之日本社，1939年）

《新茶道》（文艺春秋社，1951年）

《我的人生观》（要书房，1952年）

《逸翁自叙传》（产业经济新闻社，1953年）

《我的人生信条》（合著、实业之日本社，1953年）

《宝塚漫笔》（实业之日本社，1955年）

在我尝试着执笔本书时，作为实业家的小林一三涉猎的范围之广，再次令我大开眼界。以此为契机，在我有限的时间里，想把对小林的研究添加到我的另一个研究课题里。最后，从本书的策划到出版，PHP研究所的丸山孝先生一直倾注心血，在此，对丸山先生致以最衷心的感谢。

老川庆喜于西游马住宅

2017年2月

目录

第一部　详传

多才企业家的一生
与现代接轨的生活方式的革新

I　小林一三的故乡与成长史 / 003

II　三井银行时代 / 019

III　独创性电气铁路经营 / 039

IV　宝塚的经营 / 070

V　阪急百货商场的开业与发展 / 100

VI　田园都市公司·目黑蒲田电气铁路的经营 / 114

VII　东京电灯的经营重建与国家管理电力 / 127

VIII　东宝的成立与丸之内娱乐中心 / 157

IX　就任商工大臣 / 173

X　战后的小林一三 / 189

第二部　论述

大众本位事业与经营手法
独创新商法——暗流之下的事物

Ⅰ　小林一三的经营手法 / 217
Ⅱ　日本式私铁经营的原型 / 231
Ⅲ　"大众本位"的经营理念 / 253
Ⅳ　由统制诞生的新资本主义 / 275

第三部　人物像写照

从广泛交友探索"今日丰臣"
的魅力与真面目

Ⅰ　被称为"今日丰臣" / 285

Ⅱ　学习经营者所需的心理素质——岩下清周 / 292

Ⅲ　跨越半个世纪的友情——松永安左卫门 / 300

Ⅳ　茶道交流 / 306

Ⅴ　友人录 / 314

"企业家小林一三"简略年表 / 335

写在PHP经营丛书"日本的企业家"系列发行之际 / 342

第一部 详传

多才企业家的一生
与现代接轨的生活方式的革新

I 小林一三的故乡与成长史

山梨县北巨摩郡韭崎镇

小林一三于1873年（明治六年），在山梨县北巨摩郡韭崎镇出生，他是父亲甚八和母亲菊野的长子，一三这个名字来自他的生日。韭崎镇作为甲州道的一个驿站发展起来，作为甲州、信州的谷类，以及骏州静冈的盐和海产物的集散地而闻名，豪商巨贾云集，房屋鳞次栉比。韭崎镇距离当时的江户40里（约157公里），距离甲府3里20町（约14公里）。小林虽然出生在一个分家，但他的本家商号为"布屋"，是当地经营造酒业和丝绸批发的大富商，在1882—1883年还进军了缫丝业，与横滨的生丝销售业巨头——原善三郎展开贸易往来。

韭崎镇位于甲府盆地的西北部，毗邻釜无河（富士川的上游）的溪谷，风景秀丽。不过，每年秋天，当地人会饱受洪水之苦。严冬酷暑，两季温差显著，自然条件相当苛刻。东洋经济新报社的记者三宅晴辉和小林一三相熟，他认为小林个性中的刚烈之处大概是这严苛的自然环境造就的。[1]

小林的父亲甚八是小林家的上门女婿,来自中巨摩郡龙王村(现甲斐市)的大财主丹泽家。小林的母亲叫菊野,生下小林后身体恢复得不好,在不久之后的8月22日就去世了,年仅22岁。父亲甚八也因此回到了老家丹泽家,当时,入赘的女婿在妻子死后,在老家很难再婚,即使再婚后离婚的概率也很高。

尽管如此,甚八在此之后,又入赘到后盐山镇经营造酒业的大财主田边家,改名为七兵卫,还生了四个儿子和三个女儿。长子七六后来成为从山梨县选出的众议院议员,担任过中央电力、姬川电力、日本轻金属等企业的要职,还参与过后乐园运动场(现东京巨蛋)的建立,成为第一代会长。次子宗英历任后乐园运动场和新东宝电影的总经理。三子加多丸在担任过劝业银行的理事之后,也成了东宝的总经理。这些内容会在后面交代,但总之东宝是小林创建的一项重大事业,后乐园运动场的建立也有小林的一份功劳。小林虽在幼年时就与父亲甚八分离,但与其同父异母的弟弟们一直关系密切。

由于爷爷奶奶均已去世,小林家只剩下刚出生的一三和他三岁的年幼的姐姐竹代。二人被他们的大伯父七左卫门(小林爷爷的弟弟)收养。刚出生不久就失去父母的小林在两岁时就继承了分家的户主之位,但却无从得知自己到底拥有多少财产。

七左卫门的妻子房子像真正的祖母一样深深地爱护着小林,将其抚养成人。小林一直清楚地记得15岁时,他第一次动身去东京的那天,因寒冷和不安而蹲在地上,祖母从宅子的里屋拿出一条"蓝色的毛毯",把他从头到脚裹了起来。小林在日后说过这样的话:"若没有养祖母房子的养育就没有今日的自己。"1901年6月,他的长子出生,怀着对房子的感谢给长子取名为"富佐雄"(译者注:日语中富佐雄的发音与房子相近)。

不管怎么说,小林先是经历母亲菊野去世,之后与父亲甚八离别,在没有受到过父母的熏陶与教育的情况下成长起来。小林认为,自己的一生都标榜无宗教信仰就是因为这一点。他讲道:"如果被父母养大,因为日本是佛教国家,不管怎么说,至少有可能会从父母的口中听到关于佛教的言论,然而我作为孤儿并没有被赋予这样的机会,几乎没有被传授过在宗教或者思想上含有教诲意味的内容。"[2]

从韭崎学校到成器舍

1878年(明治十一年),小林一三进入到当时还有些带有

1887年在成器舍的时候（小林一三是前排中间的那位学生）

私塾性质的韭崎学校学习。作为韭崎镇有实力的富商家的"少爷"，度过了活力四射的少年时代。据姐姐竹代说，"少爷"是那个地方特有的称呼，尊敬度极高，在韭崎被这样称呼的只有小林一三一个人。

小林做事讨厌拐弯抹角，喜欢与人辩论，他经常会请人喝隶属于布屋商社下的酒庄酿的酒，为人慷慨大方，所以大家都聚集在他的身边。[3]

韭崎学校在1873年建校之初，把灵岸寺作为临时校舍，当时称为河原部学校，但不久之后学校又迁址到藏前院，改名为韮崎学校。在1880年7月，完成校舍的修建，1887年成为韮崎镇普通小学。小林虽然很顽皮，但成绩很好。在学校学习过中国古代经典、经济学以及修身学，据说《汉史一班》《初学经济论》《小学修身书》等教科书一直被小林保留着。[4]

1885年（明治十八年）12月16日，12岁的小林从韮崎学校的高等科毕业之后，在第二年即1886年，去了东八代郡南八代村（现在的笛吹市）的成器舍，这是加贺美嘉兵卫开办的一所私塾，小林成为一名寄宿学生。[5] 加贺美家境优渥，学习过英语和汉学，他还支援过山梨县的佐野广乃的自由民权运动，并于1882年11月成立了成器舍。自1892年之后，三次当选众议院议员（实业家同志俱乐部）。1898年参加了山梨农工银行的设立，除了担任行长之外，还是葡萄酒酿造公司、兴工社、劝农社、济通社、骏甲铁道等公司的董事，作为地方实业家相当活跃。

成器舍原来是以14岁以上，并且从小学中等科以上毕业的学生为教学对象，传授汉学和儒学知识。1884年12月之后修改了教学规则，把英语和算术也加入到教学的范畴。小林的堂兄丹泽盛八郎当时也在该校教书。

在小林入学后的1887年9月，成器舍发布了一则"学生募集广告"，其中写道"鄙舍此次新招聘了两名高等教员，还计划扩招教授"，据说这么做是为了改善教学内容。这之后，成器舍的教育由"英语科""数学科""汉学科"三科组成。舍长是加贺美平八郎、副舍长是加贺美东一郎、干事是河西助四郎。不住校的学生可以"将诗文和疑问寄去，请求对诗文进行增减删改或者对疑问作答"，因此也招募非寄宿的学生。学费是一个月30钱到150钱（校外生是10钱）不等，住宿费是25钱，可以随时入学。[6] 不过，小林在1887年向成器舍缴纳的住宿费、学费、伙食费合在一起有28.45日元。[7]

就这样，成器舍被评价为山梨县教育最为先进的私塾，[8] 县内各地自不用说，还吸引了很多外县的学生。特别是成器舍的一位年轻的英语教师齐藤秀三郎，出版了最新的语法书《斯温顿氏英语学新式直译》，他将该书运用到教学上，其英语教学水平之高，得到了大家的公认。后来成为甲州财阀中的一员，并且在财政界都很活跃的河西丰太郎与堀内良平当时也在成器舍求学。但是，此时是成器舍的鼎盛期，在普通中学和高等小学被整顿之后，它的学生数量就开始锐减，到1889年时，就变得需要仰仗南八代之外的4个村庄的共同帮助，最终在1890年倒闭。

因为小林一三实际上在1887年7月就开始陆续办理从成器舍退学的手续，所以他的寄宿生活只有1年7个月左右。那一年的7月17日，回家探亲的小林得了肠伤寒，虽然一直卧病在床，但在暑假结束的9月5日，又返回到成器舍。不过，可能是因为身体状况没有如期好转，在此之后，他经常回老家，直至12月17日彻底告别了在成器舍的学习生涯。[9]

从小林一三的故乡山梨县涌现了一批像若尾逸平、雨宫敬次郎、根津嘉一郎等被称作甲州财阀的实业家。所谓的甲州财阀是指山梨县出身的一群企业家，从明治维新到企业兴起的经济动荡时期，他们通过商品贸易和股票投资积累资产，最终投身实业经营。由于他们是因为同乡意识而聚集在一起，经常会买下全部股票等，作为一个集体展开活动，所以才会被这么称呼。甲州财阀巨头若尾逸平曾讲过，接下来"交通工具（铁路）"和"灯（电灯）"会成为有前途的实业。而确实如若尾先生所说，大多数的甲州财阀都亲自开拓铁道实业和电灯实业的运营。[10]小林也不例外，不过他的实业活动的主要范围不仅仅局限在东京，在大阪也有分布，这与其他的甲州财阀志趣相左。

庆应义塾学习

下定决心从成器舍退学的小林一三，决定去东京的庆应义塾读书。

在1888年（明治二十一年）1月8日，小林一三再次回到南八代村的成器舍，收拾完自己的行李后，离开了这里。然后在1月10日，从韮崎的老家出发，开启了前往东京的旅程。此时的小林，在一周前才刚满15岁，告别了生父和养祖母的老家丹沢家，在那一天与同行的高柳富策一起留宿在甲府樱镇（现甲府市）的三井屋。高柳是小林在韮崎镇上小学时的校长，毕业于明治法律学校（现明治大学），一直为了在东京成为律师而努力。正月回老家探亲，因此受小林的外祖母房子所托，让他与小林与同行到东京。

小林和高柳在11日的早上7点30分便从甲府的住宿地出发，在笹子山口吃午饭，然后向东进入到甲州街道，夜晚住宿在猿桥。12日早上7点从旅馆出发，在上野原村的太源亭吃午饭，然后翻过小佛山口，在夜里9点到达八王子，投宿在黑田屋。13日早上8点从旅馆出发，中午12点就进入东京，到达了架在日本桥川上的神田桥。在淡路镇的中川吃过午饭后，便去问候了房子的二儿子小林近一等一众亲戚，小林近一是小林入学到庆应私塾的担保人（当晚小林便借宿在同行的高柳在神田锦镇的寄宿人家）。

从1月14日起，小林便借宿在小林近一的宅子里，度过了两周左右的时间。不过在这段时间里，小林也不是一直都待在小林近一的宅子里，他喜欢上了浅草的吹奏乐，经常会外出。

所谓的吹奏乐是指,在1887年,由以海军音乐队出身的人为中心成立的"东京市中音乐队"。日后,小林这样讲述当时的情景:到达东京以后,便开始在神田明神的亲戚家吃闲饭,在入学三田学校之前的十余天里,已经记不清乘坐从上野到浅草的铁道马车,或者乘坐人力车,再或者徒步的次数。只有浅草的吹奏乐一直萦绕在脑海里,在其后的数十年中也一直萦绕着,数十次或者数百次地被吹奏乐所吸引,虽然自己至今仍是一个音痴,但每次只要听到噗卡噗卡咚咚(译者注:类似于吹奏铜管乐器和笛子的声音)的旋律,就会暂时闭上眼睛,静静地溢出眼泪,这种快感是无法忘记的。"一直到入学三田学校之前的十余天里"这一部分内容可能是小林记错了,不过被吹奏乐吸引,经常前往浅草这一部分的记忆是没有错的。[11]

1月29日,小林做着回乡的准备,之后暂且回了一趟韮崎。第二次去东京是在何时,以怎样的行程上京,这都仍未明确。在小林直记的小说《青云——小林一三的青年时代》(评论新社,1971年),以及坂田宽夫的《我们的小林一三——纯洁、正直、高尚》(河出书房新社,1983年)等书里曾写到,小林是从韮崎步行到鳅泽,并在鳅泽住宿一夜。翌日早晨,先沿着富士川顺流而下到岩渊,然后又从岩渊通过东海道线前往新桥。在中央线未开通之前,这是从韮崎前往东京的常用路线,不过小林是否走了这条路线，并没有得到确切的证明。

　　总之，小林一三成功地实现了二次上京。1888年2月13日，他在三田通下了人力车，一边抬头看着庆应义塾的正门一边走上斜坡，在爬上高台的那一刻，小林自出生起第一次见到了大海。那一天很冷，海水很白，像铺了一层棉花，呈现出一种暗淡的色泽。至于小林是否是在那一天第一次见到大海，尚留有疑问，不过他考进庆应义塾是在2月14日。他在这一天接受了入学考试，并获得了入学许可，被编入了预科四号的一班。在庆应义塾除了需要用英语学习《罗马史》《威尔逊三世课本》《盖奇地质学》《罗宾逊实用算术书》等课程，还需学习《日本外史》。[12] 就这样，小林开启了其在庆应义塾长达五年的求学生活，直至其年满19岁，于1892年12月从庆应毕业。而且，小林从15岁上京到从庆应义塾毕业，一共收到了从家里寄来的生活费约980日元，平均一年有近200日元，在当时的学生中是很少见的。

　　在入学之初，小林寄宿在庆应义塾的教员益田英次家中。益田出生在长州（现山口县）须左村，于1872年12月入学庆应义塾，1877年7月从本科毕业之后便直接留在义塾，成为教员。从1889年10月到1899年，一直担任管理学生、统括办公的塾管职务。

庆应义塾时代 1891年18岁

    由于小林是在2月入学，"出席次数"比别人少了139次，刚入学不久的第一学期的学业成绩如表1-1所示。名次虽然排在第15位，不过和第一名田锅龟次郎的714分相比还是有相当大的差距。

    小林暑假是在担保人小林近一家中度过的。9月3日返回三田，17日从益田家搬到了庆应义塾的一个叫作"童子宿舍"的寄宿宿舍。当时，一共有16间（每个房间睡三四个人）童子宿舍，生活着五六十个十七八岁的少年。从童子宿舍的二楼可以看到福泽谕吉府邸的玄关和后门，因此学生们清楚地知道福泽每天都会乘马车出门。住宿的学生每次看到同乘马车的福泽的两个女儿的身影时,都会激动不已,乱成一团。福泽有五个女儿,小林从童子宿舍看到的两个女儿分别是四女瀧小姐和幺女光小姐,特别是后来成为在住友担任要职的志立铁次郎妻子的瀧小姐,给小林留下了深刻的印象。小林这么评价瀧小姐,"微胖,气色好,精神饱满,身着正装,放在当今恐怕也会成为现代美人的标准",而光小姐则是"谦恭温顺、端庄文静的美人小姐"。貌似小林更欣赏像瀧小姐那样的"散发着健康美的出色女性"。[13]

表1-1 在庆应义塾的学业成绩(1888年第一学期)

	平时分	考试分数
作文	30	
汉书		50
地质学	47	48
语言学	62	30
数学	52	36
译读	41	40
合计	436	

[注]伊井春树[2015]、《小林一三的智慧冒险——创造宝塚歌剧的男人》(本阿弥书店)57页。

先前虽然已经讲述过小林在三田的高台上第一次看见海的

样子，对于在多山之地长大的他来说，海给他留有相当深刻的印象。小林曾经和童子宿舍的伙伴一起访问过江岛、镰仓，当时的场景被他写入《逸翁自叙传》："到江岛、镰仓远足旅行时，看到了七里浜的大海，那是一个没有风的好天气，为什么雪白的波浪会接连不断地涌过来呢，理由真是不得而知。茫然地在原地站了一会儿，眺望远处水天一色的天空，至今仍记得在屡次涌到脚下的巨浪中四处逃窜的场景。"[14]

砚友社风格装腔作势的黄口孺子

在童子宿舍，有一份胶版印刷的叫作《宿舍窗户的灯》的机关杂志，小林入舍后不久，就被选为该杂志的主笔人。在益田英次家的寄宿宿舍里，举办过叫作"鹤鸣会"的演说会，并且还出版了名为《鹤鸣杂志》的传阅杂志，小林也在该杂志执笔，因此小林的文采很早就被大家认可。

不过，童子宿舍是只限十七八岁少年入住的寄宿宿舍，所以小林在十八岁之后就搬到了被叫作外塾的崖下寄宿宿舍。在1890年（明治二十三年），这个时候的小林变得讨厌在庆应义塾里学习，整日沉浸在文学青年的空想生活中。本来就立志成为小说家的小林，在庆应义塾的交际对象"不是身穿角带型和服的义塾青年一派，而是砚友社风格装腔作势的黄口孺子之流".[15] 砚友社是指，由因为小说《金色夜叉》而一举成名的尾崎红叶，和因为推行言文一致体和新体诗运动而为人所知的山田美妙等人所成立的文学结社。小林在写写小说、看看戏剧中度过了在庆应义塾的时光。

1890年（明治二十三年）4月4日，在麻布鸟居坡发生了这么一起事件，东洋英和女子学校的校长伊·艾斯·拉奇女士的丈夫——传教士泰·拉奇不知被何人所杀。小林当时虽然只有18岁，却以此事件为题材，写了一篇名为《练丝痕》的小说。在4月15—25日期间，以霭溪学人这个笔名，将小说连载在老家的报纸《山梨日日新闻》上。因为小说写在案件发生的当口，所以小说被认为是事件内情的知晓者所写，结果甚至麻布警察署的搜查员都亲自到小林的寄宿宿舍拜访了他。后来，读过这篇小说的日本文学学者柳田泉，发现了小林作为小说家的才能，曾这么评价他，"作者如果在幼龄之时就投身到写作之路，凭借后天的学习，将来或许能跻身到让明治文学灿烂一时的红露欧（尾崎红叶、幸田露伴、森鸥外——引用者注）行列，成为屈指可数的大人物".[16] 顺便说明一下，笔名中的"霭溪"被认为是小林模仿自己名字的首字母"K"的发音而来（译者注：霭溪的日语发音与K相似）。

那时，在麻布10番有一条戏剧街，森元剧场、开盛剧场、寿剧场三家剧场的看台并排耸立。剧场里会有著名女性戏剧团市川九女八剧团、坂东胜之助剧团的表演，甚至还有魔术、戏法、壮士剧（译者注：自由民权宣传剧）等演出节目。川上音二郎的嗷派开派流行音乐演出（译者注：明治中期，川上音二郎以"浮世亭〇〇"为艺名在曲艺场演唱的民谣）也在三座剧院中上演。因为从外塾可以直接穿过赤羽工厂内部，所以小林经常往返于学校和剧场，成了戏剧通。

小林开始正式观看正统的歌舞剧是在1889年，木挽町新开设歌舞伎座的时候。有一天，小林的剧评被称赞具有独创性，便开始给国民新闻写稿。并且，小林认为聚集在歌舞伎座的剧评家之间的谈话很有趣，所以写了《在歌舞伎座看剧评家记》这篇文章。然而遗憾的是，报社认为出于对同行的道义，这篇文章不能被刊登出来，故没有被采用。

注释：

1　三宅晴辉[1959],《小林一三》（日本书房）16页。
2　小林一三"如何处理事变"《全集》第7卷206页。
3　堀内（小林）竹"1961"、"布屋的'少爷'"小林一三老先生追忆录编撰委员会编《小林一三老先生的追忆》（阪急电气铁路）341—342页。而且，本书附有1980年出版过的抄录版。

4 伊井春树[2015],《小林一三的智慧冒险——创造宝塚歌剧的男人》(本阿弥书店)17页。而且此书是在参考日记与《金钱出入贴》等书之后,执笔书写的小林一三的传记,有很多全新的发现。本章的记述有很多都来源于该书。

5 伊井春树以《金钱出入贴》中记载的时间为根据,"一般按照小林一三的年谱,他12岁的时候,于12月16日,从韮崎学校毕业,并在翌年入学到东八代郡八代村的成器舍,毕业之后立即入学成器舍"。(同前20页)只看这里的记述,很难判断《金钱出入贴》记载的日期是否就是入学成器舍的日期。因此,本书还是按一般说法来写。

6 成器舍"学生募集广告"1887年9月。

7 同上所述《小林一三的智慧冒险》23页。

8 小泉刚[1975],《甲州财阀》(新人物往来社)132页。

9 同上所述《小林一三的智慧冒险》23—28页。

10 根津翁传记编撰汇编[1961],《根津翁传》(同会)34页。

11 小林一三"我的人生观"《全集》第1卷257页。

12 小林一三"逸翁自叙传"《全集》第1卷3—4页。以下的叙述也有引用自《逸翁自叙传》。

13 小林一三"宝塚漫笔"《全集》第2卷461页。

14 同上所述,"逸翁自叙传"《全集》第1卷5页。

15 同上6页。

16 同上11页。

II 三井银行时代

入职三井银行

在15岁到19岁这个多愁善感的青春时代，小林一三作为文学青年在庆应义塾中度过，不过在毕业之后，小林选择了入职三井银行。当时的三井银行正在实行由中上川彦次郎主导的改革，很多庆应义塾出身的人都被录用，如朝吹英二、藤山雷太、武藤山治、和田丰治、池田成彬、藤原银次郎等。小林进入三井银行，也是因为赶上了这种人事改革。中上川是丰后国（现大分县）中津藩士的长子，母亲是福泽谕吉的姐姐。1869年（明治二年），16岁的中上川在庆应义塾求学，1974—1977年一直旅居英国，学习西方的制度。他先后担任过时事新报社社长、山阳铁道总经理，后入职三井银行，转变了三井原有的政府与商业家结盟获利的方针，立志以工商业立国，改组为近代经营模式。

1892年（明治二十五年）12月23日，小林从庆应义塾毕业，虽然三井银行要求小林在1893年1月起开始工作，但实际上小林在4月4日才开始上班。为何足足晚了三个月，原来那个时候的小林还是一位文学青年，抱有"不想成为银行家""不知为何就是讨厌"的想法。[1]

当时，小林在群马县一个叫作《上毛新闻》的地方报纸上，用逸山人这个笔名连载名为《花丸子》的历史小说。据说那时，有一位名叫渡边治的庆应义塾的前辈即将去都新闻（现东京新闻）报社上班，[2]他劝说小林也加入该报社。渡边原来在大阪每日新闻社上班，后受到都新闻社长山中闲的邀请，决定与其一起改革都新闻的经营。小林想与渡边共同加入都新闻，成为一名新闻记者。但是渡边那里突发变故，无法从大阪每日新闻社离职，和小林的约定自然也没有了下文。小林似乎认真考虑过加入都新闻社一事，后来还曾追述道："如果渡边先生真的进入都新闻社，我也打算在那里就职，有可能就作为一个新闻人留在那里了。"[3]

1892年腊月二十五，小林回到老家，与家人一起过新年。正月十五一过，就前往鲰沢住了一宿，第二天一早，乘坐富士川最早的一班船去往静冈县的岩渊。到达岩渊是下午两点左右，不巧当地正在下大雪，便在三岛住了一夜，翌日拜访了一位因病在热海疗养的朋友。本来计划住两三晚便前往东京，但是，小林在热海遇到了一位年长他两岁的女子，产生了些许爱慕之情。因此他没有出席1月20日举办的庆应义塾的毕业典礼，而是一直留在热海。

那位女子返回东京后，又过了两三天，小林也回到了东京，但是他并没有去三井上班。虽然三井银行再三催促，但是小林怎么都提不起工作的劲头。直到4月3日，被一位从热海到东京来的友人斥责后，才在4日开始上班。[4] 小林在三井银行东京总部的秘书科工作，作为第十等级的职员，每月工资是13日元。虽说是在秘书科工作，实际上就像个勤杂工一样，待在董事办公室隔壁房间的角落里，每天端端茶，倒倒水，送送资料。

即便如此，这样的工作也有着接触到当代一流实业家的机会。在三井有一个叫作三井临时评价议会的最高决策机关，每周都会在三井银行总公司的三楼召开一次会议。在这里集聚了三井众多优秀的实业家，诸如三井本宗派的三井八郎右卫门、三井高保、中上川彦次郎、三井三郎助、益田孝、三野村利助、西邑虎四郎、涉沢荣一等。在秘书科工作的小林，虽然工作不过是给他们分发盒饭和茶水，有时却也能直接听到他们的讲话，特别是涉沢荣一的演讲，让小林深铭肺腑。[5]

就这样，小林开始了银行职员的生活。到1907年1月23

日辞职为止，小林在三井银行共工作 14 年之久，虽说如此，小林也并没有出人头地。

去往大阪分行

入职三井银行数月后，小林于 1893 年（明治二十六年）9 月，得知将于 16 日被分配到大阪分行工作。9 月 10 日前后，小林手提一个柳条箱，拿一把洋伞，身穿用黑色薄哔叽做的新夏装，在两三位好友的目送下从新桥站出发了，到大阪的梅田站时已经是翌日下午四五点。小林后来回想当时的心境是如此描述："收拾好行李，独自一人从梅田火车站下车时，心里很不安"。[6]虽然后来大阪成了小林作为企业家大展身手的舞台，但在那里生活的第一步却是这样开篇的。

三井银行在这一年的 7 月改组为无限责任公司，三井高保担任银行总行长，中上川彦次郎担任常务理事（后改为专务理事），进一步推进了改革。当时的三井银行录用了大量应届毕业生，他们在东京总部工作三四个月后，就会被调动或指派到地方的分行，这已经成为惯例。小林在看到同事大多都被调到根室、青森、八户等"偏远地区"后，大阪分行的人事要求一出，就立刻去恳求大阪分行的行长高桥义雄，成功调到了大阪分行。高桥从庆应义塾毕业后，当过时事新报社的评论记者，有在美国和英国的游学经历，于1891年1月入职三井银行。自号"箒庵"，爱好书画、古董，懂得茶道、民谣歌曲，是一位风雅之人，和小林有着知己般的深厚交情，正是高桥帮助小林与三井银行斡旋。

在大阪分行，小林被分配到金库管理现金，成为第五等级的职员。在大阪分行工作之后，其文学青年的生活没有发生任何改变——四处游玩，写写小说，在道顿堀的弁天剧场看看戏剧，写写剧评，这样的生活一直持续着。

小林在1893年11月创刊的文学杂志《这本花册子》(第7号)上，发表了名为《平相国》的短篇小说。虽然这只是大阪每日新闻社的内部刊物，小林后来追述道："对成为小说家还有很大的留恋，所以一直在犹豫要不要从银行辞职，加入到大阪每日新闻社。"[7]

1895年（明治二十八年），小林在大阪分行工作2年多后，由于三井衣料店的改革，行长高桥义雄调到衣料店任专务理事。同年9月，三井银行总部的营业部长岩下清周赴任大阪，担任大阪分行行长。当时正处于中日甲午战争后的一段时期，大阪的经济呈现一片繁荣景象。岩下于1857年6月19日（安政四年5月28日）在信州松代藩出生，18岁到东京，在筑地的私塾求学，该私塾是现在的立教学院（经营着立教大学、立教中学以及立教高中的学校法人）的前身。他在美国圣公会的传教士维利阿姆兹那里学习了圣经和英语，还接受了基督教的洗礼。

在此之后，岩下遇到了东京商法讲习所的校长矢野二郎，在他的劝说下进入该讲习所学习。东京商法讲习所即后来的东京高等商业学校、东京商科大学，现在的一桥大学。后来，岩下又转学到由岩崎弥太郎与丰川良平创办的三菱商业学校，毕业后，在矢野的介绍下，进入由益田孝带领的三井物产公司。曾在三井物产的纽约和巴黎分公司工作过。在此期间，岩下看到了美国的发展盛况，以及在普法战争中失败的法国现状，意识到振兴工业的重要性。他在1889年离开三井物产，转而经营品川电灯和粮食交易所，又于1891年11月，入职三井银行。[8]在那时，为了使三井物产与三井银行之间的关系更加融洽，两公司间的人事交流也得到推进。岩下离开三井物产到三井银行就职，也是这种人事交流的一部分。

岩下非常积极地参与银行的经营。首先向总部申请将大阪分行的借贷额度从150万日元提升到500万日元，不过没有被批准。提出申请的原因是考虑到银行不仅要进行保管存款、商业票据贴现、取得担保向外贷款等业务，还要积极融资给那些很有前途的实业和企业家，培育其发展壮大。也就是说，必须设法将"商业金融"转换为"产业金融"。自中日甲午战争（1894—1895）后的第二次企业崛起期起，三井银行大阪分行就扩大了与松方幸次郎（川崎造船）、藤田传三郎（藤田组）的交易往来，加强对北浜的股票市场以及堂岛粮食交易市场的经济资助这些都是由岩下想出的方案。

与川崎造船的交易主要由三井银行神户分行负责，大阪分行主要负责与川崎造船有贸易往来的商人的金融业务。例如：津田铁五郎从事铁材交易，他从国外的贸易公司进口铁材，供货给川崎造船，货款会预先存放在三井银行，由三井银行用货款结清之前开给外国贸易公司的票据。为了建立这种金融关系，津田用一万日元收购了一栋大楼，将其作为不动产抵押给三井银行。负责贷款工作的小林，为了不动产的采购和登记而四处奔走。津田同三井银行的交易额原本微不足道，其账户里却屡次出现了巨额透支。这是因为岩下无视总部指令，忽视其透支额度。[9] 1902年岩下创办北浜银行后，更加积极地融资给以小林一三为首的箕面有马电气轨道、阪神电气铁路、大阪电气轨道（现近畿日本铁路奈良线）、南海铁路、大阪合同纺纱（后来的东洋纺纱，现在的尤尼契卡）、大林组、森永制果等公司。

岩下认为，实业家分为两类，一类是"拥有大欲望的人"，一类是"拥有小欲望的人"。"小欲望者"是指"以自己为中心，以积累金钱为目标的人"，"大欲望者"是指"为国家人类做贡献，以国家为中心，将与国民同乐作为目标的人"，而岩下自己就是"拥有大欲望的实业家"。[10] 就这样，岩下立志以国家利益为中心，以"大欲望"的实业家为定位，以"工业立国论"为基础，积极开展产业金融。作为财阀管理者，中上川也立志实现国家利益，不过，根据西藤二郎的研究，岩下考量的是事业对国家利益的影响，将金融基于自己的理想之上，坚决实行。而与之相对，中上川则是将三井发展成为有前途的公司来实现国家利益。[11]

看到岩下推行的积极政策后，中上川越发不信任他，认为"岩下做得太过火，可能在谋划些什么"。因此，中上川派遣铃木梅四郎到大阪分行，作为副行长监视岩下。铃木是庆应义塾的毕业生，在时事新报担任大阪办事员时，写了一篇关于贫民窟的纪实文学而为世人所知。在这之后陆续担任过横滨贸易商公社顾问，横滨贸易新报主编，后被中上川挖掘，加入到三井银行。

铃木到大阪分行不久就升任为神户分行行长，之后，池田成彬被委派到大阪分行，继续对岩下的监视任务。池田赴任之时，由于台风造成铁路不通，路上花费了八九天时间。在他到达大阪之前，岩下就收到了被调往横滨，成为横滨分行长的通知。岩下在很早之前就计划与藤田传三郎一起创办北浜银行，所以在接到调往横浜分行的任命书后，便立即从三井银行辞职。

虽然岩下担任大阪分行行长的时间只有1年左右，但是在岩下手下负责贷款工作的小林，已经把岩下当作理想中的银行职员，学习其提倡的理想的金融制度。通过岩下，小林也结识了三井物产的饭田义一、三池纺纱的野田卯太郎等人。与岩下的相遇，对后来以企业家身份进行活动的小林来说，有着决定性的重要意义。

活跃在名古屋分店

岩下清周辞职后，上柳清助上任，池田成彬担任副行长。1897年（明治三十年）2月，岩下的北浜银行刚开始营业，三井银行堂岛办事处主任小塚正一郎就从三井银行辞职，加入到北浜银行。是留在三井银行，还是跳槽到北浜银行，小林被分行长上柳催促尽快表明态度，工作也由办理贷款降为受理存款的闲散职位。小林虽然心里不舒服，但是又缺少跳槽到北浜银行成为"彻头彻尾的大阪人"的决心，所以最终还是留在了三井银行。

小林想在这个转折点离开大阪，开始全新的生活，便通过高桥义雄递交了调回东京总部的申请。高桥给他回了信，教导

三井银行名古屋分店时代　1897年　24岁

他说:"上柳君门下中人谋于总部秘书科,虽与总部商之,然汝所谋为臆想也,且易为后来人效之,故谨需思量。可退而求其次,调往名古屋分行,其店长平贺氏性情温和,为之效力必定诸事顺遂。然上柳曰阁下为任性之徒(省略中间部分),万不可再有今日这般举动。"之后小林便被调到名古屋分行。高桥的训诫,让小林迈出了蜕变成革新派企业家的一大步,这封书信被小林视为"护身符"而珍藏。[12]

小林在1897年1月下旬开始在名古屋分行工作,分行长是平贺敏。平贺于1859年8月（安政六年7月）出生，是江户骏河台地区旗本家的四子，明治维新后，家里变得一贫如洗。1871年搬到老家静冈，在静冈高等师范学习，1878年上京，入学庆应义塾。毕业后，在静冈县当过师范学校和中学的教师，也当过宫内省的公务员，1896年被中上川赏识，入职三井银行，仅仅三个月就被提拔为名古屋分行行长。

平贺见识超群，能高屋建瓴地分析分行的经营，经常博得中上川的喝彩。但是，他在银行业务方面完全是个外行，所以很尊重部下的意见。最初，小林是会计门的主管，后来成为贷款部门主管在平贺分行长的管理下工作，大力推进了银行业务。1897年9月，小林一三与杉野喜精（后来成为山一证券公司总经理）共同组织了"名古屋银行青年会"，并于翌年10月创办了《名古屋银行青年会杂志》，杉野喜精出身自日本银行，是当时名古屋银行的领导。在当时的名古屋财界，新兴的外来资本与名古屋的本地资本处于对立关系，由外来资本支撑的明治银行，与由本地资本支撑的爱知银行、名古屋银行呈三足鼎立之势，互相竞争。《名古屋银行青年会杂志》给这样的名古屋财界吹进一股新风。

支持名古屋银行青年会的人是名古屋商业会议所的会长奥田正香。奥田与东京的涩泽荣一、大阪的松本重太郎合称为名古屋财界三杰，他还参与到股票交易所、粮食交易所、尾张纺纱、热田水泥、名古屋仓库、名古屋车辆、明治银行等的创办与运营。奥田讲到，名古屋商业会议所的总书记上远野富之助（后来成为名古屋股票交易所理事长）会给青年会一切可能的便利，甚至把该会的事务所安置在商业会议所内。各银行的数十名高级职员成为会员，每月的例会聚集了五六十位热血青年，在此展开激烈的辩论。《名古屋银行青年会杂志》的编辑工作原本由杉野负责，在杉野调到大阪后，便由小林负责。

平贺敏在1899年被调到大阪分行做分行长，小林便拜托平贺也将他调到大阪工作。在小林决定离开名古屋后，《名古屋银行青年会杂志》（第8号）刊登了一篇名为"送小林一三君辞"的送别文。其中写道："君之能任杂志主编无碍，才思溢文流畅明快，评论嬉笑怒骂、无忌无畏，先生之风为人倾慕。敢言人所不言，行文肆意张扬。予消沉青年当头棒喝，振奋人心唯君之能。"借该文表达了对小林在名古屋银行青年会的表现，及辛勤编写《名古屋银行青年会杂志》的感谢。[13]

再次前往大阪分行

平贺在把小林调到大阪工作时，提了一个附加条件，就是小林需要先结婚并带着妻子一起上任。这是因为平贺观察了小林在名古屋的生活，担心他会一直单身下去。在亲戚的介绍下，小林与东京下谷的一名女子在大阪成婚，不过，当新婚妻子发觉小林在结婚前一直与一位女子交往后，便回到了东京的娘家。最终，小林与那位交往数年的女子修成正果。她的名字叫幸子，比小林小9岁，年方19。他们在1900年（明治三十三年）10月举办了结婚典礼，并在高丽桥一丁目的三井银行公司住宅区置办了婚房。

再次回到大阪分行工作的小林，成为借贷科科长，后来升任营业部部长。小林在平贺分行长的手下励精图治，提议发行《业务周报》，其内容包括分析、评论大阪经济形势与大阪财界人物的动向，小林本人也为该报写稿。《业务周报》被分发到总行和分行后，董事们大赞其实用性，同时小林的眼界和表现能力也得到董事的高度评价。第二次在大阪分行工作的时期，是小林作为三井银行职员最得意的时期。

在这段时间，住友开始正式进军金融业，关于住友银行想聘请小林为二把手的话题甚嚣尘上，但这样做毕竟行为不当，最终没能实现。当时从三井银行辞职成为北浜银行二把手的小塚正一郎已成为一把手，所以也有传言说小林会成为北浜银行的二把手。岩下劝告他说："你已经渐渐得到三井银行的认可，现在辞职对你来说是一种损失，还是留在三井吧"，[14] 最终，

妻子幸子与 27 岁的小林一三 1900 年

小林选择继续留在三井银行。

降职到东京总部调查科

1900 年（明治三十三年）12 月，三井银行决定将神户分行附属的小野浜仓库和东京深川分行附属的箱崎仓库改组，分别成为独立的分店，并定于翌年 1 月实施。由于小林一三已被大阪分行长平贺敏内定为箱崎仓库的负责人，故在来年早早就收到了上京的通知。成为一个分店的负责人后，除了有公司住宅以及公司住宅津贴外，还能拿到特殊的补贴，预计每月收入可增加100日元。小林此时觉得自己终于时来运转。

但是新年到来之际，关于单独设立新的三井银行仓库部的新闻出现在报纸上，出乎意料的是主任变成了一个从未听说过的、名叫高津次郎的人。小林在收到委任令后，打开一看，果然他只是一个副职。人事安排在一夜之间发生变化，具体原因尚不清楚。这一年的2月，三井银行的专务理事中上川因病去世，早川千吉郎继任。平贺被早川疏远，于1907年辞去了三井银行大阪分行长一职。

小林在负责人高津手下任副职，不到一年就被降职到东京总部调查科。在调查科被分配了检查主任这个"轻松的职位"，由于一年要检查全国所有分行两次，规定2个月内要检查三四个地方的分行。小林回顾自己在总部调查科的时光时感慨道："仅仅是不用为食物发愁而已，没有任何希望和抱负可言，是很不愉快的时期"，"这是我一生中最不得志的时期"，"难以忍耐的忧虑不安的时期"。[15]于是，这也导致了小林最终下定决心从三井银行辞职。小林讲述当时的心境说：[16]

　　银行的工作一点意思都没有。其实调查科所谓的工作，只要大家积极组织活动，制定总参谋部性质的计划，工作要多少有多少，并且一定会很有趣。然而与其说领导人早川专务理事对新人很客气，倒不如说他实际上是一名无能的圆滑之徒；科长林君更是缺少霸气，软弱到令人着急。三井银行变成池田成彬君一人的天下，受在大阪以来的关系影响，我很难再有晋升的希望。只能暗下决心，无论如何都要抓住机会离开这里，除此之外别无他法。

日俄战争（1904—1905）胜利后，日本经济呈现繁荣向好态势。三井家的各事业部开始起用三井银行的人才，大家议论起小林会不会去三井物产或三越衣料店工作一事。特别是三越衣料店已经与三井家的事业分离，另立门户，成为一家资本金500万日元的公司。小林被吸引了，他想着去三越衣料店后有可能成为二把手，最坏也能享受到科长级别以上的待遇。在小林以为这件事已经基本定下来时，甚至不惜借钱去购买三越衣料店的股票，并在心里暗想："既然去了三越衣料店工作，就将其作为自己的终老之地"，但最终又是空欢喜一场。[17]

不管是住友银行还是北浜银行，小林似乎都与二把手的位置无缘，不过三越衣料店的二把手一职却给小林带来了幸运。得知无法调到三越衣料店后，小林为了还债开始抛售该公司的股票，恰逢股票价格暴涨，小林得到一笔意外的巨款。这让小林有了即使离开三井也能生活下去的自信，他便开始考虑寻找适合自己的工作以谋求独立。

银行的工作依然无趣。小林在1906年1月4日的日记中写道："即使去银行上班，由于除了闲还是闲，只能看看报纸就回家了。然而自己每月还拿着工资，心里很是过意不去，便想着无论如何也要工作，在调查科必须多做一些事，如果难以改变调查科的风气，自己一个人也得想方设法做些什么。"[18]在1月7日的日记中，小林又写道："最近，非常盛行关于独立论的话题，如果可以的话我也想成为股票经纪人，当然，不是以投机的方式，而是做正规的买卖。"小林终于下定决心，准备投身于证券公司的创办。[19]

计划创办证券公司

在铁路国有化后的1906年（明治三十九年）6月，有2亿日元资金的"南满洲铁路股份公司"（满铁）成立。满铁资金的一半由政府以实物出资，是一个半官半民的公司。就像给日俄战争后的投资热火浇油一样，满铁公开招股九万九千股，结果竟有一亿零六百七十三股应募。因此，一股5日元的缴纳收据，从40日元被炒到90日元。

小林在这种投资热的第二年，即1907年1月23日从三井银行辞职，辞职金是4875日元。在三井物产的饭田义一，和曾担任三井银行大阪分行长的岩下清周的鼓励下，他的目标为在大阪创办日本第一家证券公司。此时的小林34岁。

岩下考虑到，在日本也需要能够承担招募以及出售外债、公债、公司债券等证券业务的公司，便计划收购大阪的天才投资商岛德藏的商店"岛德"，公开募集公债和公司债券，买卖有价证券，创办资金100万日元的北浜证券股份公司。野村德七的大阪野村银行（即后来的大和银行）创办于1918年（大正七年），同年开始办理证券业务。而将证券业务从大阪野村银行剥离，成立野村证券公司是在1925年，所以岩下创办证券公司的计划在很早的时候就提出了。

岩下认为，小林是北浜证券公司一把手的不二人选。不仅因为小林在银行业务方面经验丰富，也熟知与有价证券相关的知识，而且最重要的是，小林从未染指过投机交易。

岩下和饭田都是小林深深尊敬的人。而且，小林与岛德藏的弟弟定次郎在庆应义塾时期是好朋友，小林便找他商量，定次郎告诉他岛德确实想要转让商店，岩下的计划有实现的可能，而且小林的性格也很适合这个工作，小林终于下定决心从三井银行辞职。[20]

小林一三在三井银行的岁月往往被称为"怀才不遇的时期"。小林在自己撰写的《逸翁自叙传》中也是这样定性，但即使如此，在小林的人生中，在三井银行的时光并非完全没有意义。正是在这段时间，小林精通了银行业务，结识了岩下清周、平贺敏、池田成彬等人，建立了广泛的人脉网，而这些都是小林日后进行实业活动的食粮。小林在面对相关提问："从学校毕业的明治二十五年，到明治四十年都在三井银行勤勤恳恳的工作，后来经营箕面有马电车，在这一转变中，银行工作的经验应该还是起到了一定作用吧"，他自己也回答："确实有"。[21]

注释：

1 小林一三"我的人生观"《全集》第1卷227页。

2 关于《都新闻》，参照了土方正巳[1991]，《都新闻史》（日本图书中心）。

3 小林一三"逸翁自叙传"《全集》第1卷15页，前述"我的人生观"《全集》第1卷228页。

4 前述"逸翁自叙传"《全集》第1卷13—15页。

5 三宅晴辉[1959]，《小林一三》（日本书房）29—30页。

6 前述"逸翁自叙传"《全集》第1卷16页。

7 同上25—26页。

8 关于岩下清周，参考了当前老川庆喜的[2008]，《岩下清周与松崎半三郎——立教的经纪人》（立教学院）。

9 前述《小林一三》39—40页。

10 岩下清周[1931]，"在名古屋上述院的陈述备忘录"已故岩下清周君传记编辑会编写的《岩下清周传》（同会）43—44页。

11 西藤二郎 [1980],"小林一三与他的上司们"《京都学园大学论集》（同大学）第 9 卷第 2 号 123—123 页。
12 前述"逸翁自叙传"《全集》第 1 卷 55—56 页。
13 同上 61—62 页。
14 同上 87 页。
15 同上 94—99 页。
16 同上 99 页。
17 同上 103 页。
18 小林一三 [1991],《小林一三日记》第一卷（阪急电铁）135 页。
19 同上 136 页。
20 田中仁 [1936],《小林一三·直至筑造今日》（信正社）15 页。
21 小林一三、中野友礼、五岛庆太 [1951],《工作的世界》（春秋社）127 页。

Ⅲ 独创性电气铁路经营

失业之人

1907年（明治四十年）1月19日，在妻子幸子（26岁）、长子富佐雄（6岁）、长女小止（5岁）、二子辰雄（4岁）的陪伴下，小林一三前往大阪就职。至此，他在三井银行的职员生涯画上一个句号，作为岩下清周创办的证券公司的一把手重新出发。

但是，小林一三举家搬到大阪不久，由于受到日俄战争后经济景气的反作用影响，股票价格暴跌，创办证券公司一事也只能不了了之。大阪股票交易所的股价从1906年5月的151日元开始逐渐飞涨，同年12月涨到421日元，1907年1月19日涨到最高值774日元，不过1月21日便下跌到660.1日元，1月31日继续下跌至419.9日元，到2月上旬更是暴跌至92日元。[1]

就这样，岩下创办证券公司的计划遭遇挫折，小林第一次成为失业之人。小林借住在位于天王寺乌辻町一个朋友的别墅里。曾经担任三井银行名古屋分行长,以及大阪分行长的平贺敏也搬来这一地区居住。平贺辞掉三井银行大阪分行长之职后,为了推进大阪筑港工程,他创办了水泥公司和土地公司,制订筑港人造陆地计划,引进钟渊纺纱分工厂到人造陆地等,参与了各种各样的实业活动,但是均以失败告终,最后成为樱花水泥公司的总经理。小林失去了创办证券公司这一目标,每天都过着无聊的生活。他后来讲述自己当时的生活状态说:[2]

我怀揣很大的希望、野心以及像梦一样的空想回到大阪,然而现实呢,不管是创办北浜证券公司的计划,还是北浜银行、岛德股份商店,都混乱不堪,怎么也看不到希望。虽然暂且做好了失业的心理准备,但是人生第一次落魄到没有工作,心里感觉很不安。现在仅仅是不用为吃饭发愁而已,每天早上出门工作已然成为习惯。突然间不用出门,不用工作,两三天闭门不出,即使玩乐也感到很无聊,却也没有办法。若是漫无目的地四处奔忙,又感到难为情,我啊,真的很没有志气,只能暂时借孩子慰藉无聊的生活,过着提前退休一样的生活。正值郁闷之际,友人宗像半之辅君递来了橄榄枝。

阪鹤铁路监察人

在3个月后的1907年（明治四十年）4月，小林再次在三井物产的饭田义一的推荐下，就任阪鹤铁路监察人一职。阪鹤铁路是由伊丹的造酒家小西新右卫门和大阪财界众人，于1893年8月建设的私立铁路。铁路从大阪出发，途经伊丹、池田、福知山，计划铺设到日本海的重要港口舞鹤。不过，由于从京都到舞鹤的京都铁路的铺设已得到批准，只有大阪到福知山的一段铁路获批，大阪到神崎的一段铁路因和国营铁路重合而被驳回。神崎到池田的铁路也因为与摄津铁路重合，不得不与其合并。

阪鹤铁路在大阪和福知山之间运行，而借用福知山到新舞鹤的国营铁路线，实现大阪到舞鹤的直通车是在1904年11月。由于当时三井物产是阪鹤铁路的大股东，所以饭田义一担任了董事一职，野田卯太郎担任了铁路监察人一职。三井物产之所以成为阪鹤铁路的大股东，是因为著名的砂糖商人兼投资家的香野藏治在做砂糖进口生意时失败，便将其持有的阪鹤铁路的股份转让给三井物产。在1907年3月的结算之后，饭田义一辞去了董事一职，因野田接任了饭田的职位，便希望小林接替野田的职位，就任监察人一职。

根据1906年3月公布的铁道国有法，阪鹤铁路被国有化。

小林是在1907年4月就任监察人一职，该铁路在同年8月被国有化，即发生在小林就任监察人一职仅5个月之后。因此，饭田邀请小林加入阪鹤铁路还有其他目的。也就是说，以总经理田艇吉为首，土居通夫、野田卯太郎、弘道辅、速水太郎、池田贯兵卫、米泽吉次郎等阪鹤铁路的相关人等，有效利用已经拿到批准的大阪到池田的路线，计划创办箕面有马电气轨道公司。在1906年1月15日组建了创立发起人会，并于4月28日提交了在大阪—箕面—有马之间，以及在宝塚—西宫之间铺设铁路的申请，在12月22日得到了内务大臣的特许，翌日便召开了发起人总会，协商成立公司的相关事宜。

此时正是日俄战争后的经济繁荣期，尽管还未完成箕面有马电气铁路公司的股份分配，权力买卖股的价格就已经涨到20日元。阪鹤铁路的董事们沉醉于权力股价格的飞涨，在分配股份问题上拖延了很长时间。大股东三井物产考虑到这样下去不行，为了推进箕面有马电气铁路公司的创立，推荐小林担任阪鹤铁路监察人一职。

最初，小林仅仅担任阪鹤铁路监察人一职，后来该铁路在1907年8月1日被国有化后，召开了解散会议，规定小林担任监察兼清算人，同专职员工一样每天出勤。最初的工作内容是清算事务，外加定夺董事及从业人员的退休慰劳金。关于定夺退休慰劳金，还有一段趣闻逸事。

小林认为，与仅仅只是担任董事的关西工商业界权威人士土居通夫相比，担任一把手的速水太郎、技师长上田宁等实际上活跃在工作第一线的社员，应当获得更多的慰劳金。土居是大阪商业会所的所长，本职是大阪电灯总经理，他只不过是阪鹤铁路的挂名董事而已。但是，当关于商定慰劳金分配的会议开始时，土居竟光明正大地索要巨额的"招牌费"，据说小林被土居过于光明正大的态度所压倒，没能拒绝他的要求。[3]

箕面有马电气铁路公司的股票募集

箕面有马电气铁路的计划路线是梅田—池田—宝塚—有马，池田—箕面，以及宝塚—西宫，共投入资金550万日元（11万股）。在股票的分配方面花费了一些时间，推迟了原定于1907年（明治四十年）1月19日召开的一般募集，终于确定了阪鹤铁路股东的股票分配，以1月23日为限度，实施股票承兑保证金每股需缴付2.5日元的规定。

1907年1月19日是小林一三怀揣着创办证券公司的希望，和家人一起来到大阪的日子。同前所述，大阪股票交易所的股价在那一天达到最高值后就开始暴跌。1907年3月25日，箕面有马电气铁路通知以每股12.5日元的价格进行第一次的缴付，但是相继出现股东们即使不要 2.5 日元的保证金，也不去响应缴付的情况。11 万股里有 54104 股，也就是说有将近一半的股票没有被承兑。准许创办时，每股还有 20 日元的溢价，一受到反作用影响，人气就立马下降，流失了近一半的股票承兑人。

这样一来，箕面有马电气铁路公司的创办面临危机，甚至到了要解散的紧要关头。姑且不谈京阪电车（京都—大阪之间）、神户市电（神户市内）、兵库电车（神户—明石之间）、奈良电车（大阪—奈良之间），大部分人的看法是，在有马温泉或箕面公园铺设电车毫无希望。不仅如此，发起人之中也有人担心该如何分担已经使用的两万多日元的创立费，如果解散的话，最好尽快解散，诸如此类的意见相继出现。

出售沿线住宅地的创意

箕面有马电气铁路公司的发起人会议和董事会议，都是在阪鹤铁路的本部举行，位于铁道省所属线池田站近山一侧的丘陵之上，故小林经常从大阪前往池田。那时，小林第二次沿着箕面有马电气铁路计划路线行走，走着走着，脑海中浮现出了一个想法。在铁路沿线有很多理想的住宅地，而且地价便宜。因此，以 1 日元 / 坪的价格囤购 50 万坪，在铁路开通前后，如果将它们以 2.5 日元的利润转卖，即使每半期售卖 5 万坪，也会有 12.5 万日元的利润。小林考虑到，如果一开始就经营住宅地的话，即使经营电车赚不到钱，也能够盈利，让股东们心安。

小林还去拜访了北浜银行的岩下清周，如果向三井物产购买铺设电气铁路所需要的各种机械和材料的话，可以凭借第一回的股票缴纳金 137.5 万日元开业。因为非常想尝试这项工程，就拜托岩下帮忙筹措尚未被承兑的五万余股股票。岩下表示不用担心机械和材料，贷款可以在开业之后支付，问题在于"你拜托我做这件事，是不能这么申请的。你也是离开三井独立了的人，让别人看到你的决心是很重要的，即将其作为自己一生的事业，承担责任，全力以赴，如果有这种决心，我想应该是一份有趣的事业，工作本身也不会有问题"，他这样教导小林。[4] 之后，岩下还向小林提出几项建议。

小林听从岩下的忠告，将尚未承兑的 54000 股中的近 10000 股承兑给佐竹作太郎、根津嘉一郎、小野金六等故乡甲州系工商业界的众人。特别是小林的亲戚小野金六，帮助小林与众人斡旋。剩下的四万股则由岩下的北浜银行承兑。这样就筹措出第一次缴纳股金的 137.5 万日元。接下来，小林以开业 2 年内还清贷款为条件，请求三井物产为电气铁路的铺设提供所需的材料和机械。不用说，这也是通过岩下在其中牵线搭桥实现的。

箕面有马电气铁路在1907年6月1日将公司改名为箕面有马电气轨道。小林在同年的6月30日与箕面有马电气轨道的发起人田艇吉交换了"契约书"，转由小林负责创办该公司的一切事宜。"契约书"的大意如下所述。[5]

契约书

关于这次箕面有马电气轨道股份公司股票承兑及创立的相关事务，小林一三（以下称为甲方）与该公司的发起人及创立委员会（以下称为乙方）达成以下协议，如下所示。

第一条 现在尚未被承兑的总数为54104股的股票将由甲方承兑（甲方可将股票转让给其他人）。至7月10日为止，应支付每股2.5日元的保证金。

但是，本协议所提到的股票是指新承兑的股票，故需支付到现在为止的利息。

第二条 甲方加入发起人及创立委员会，并担任创立事务的执行者。

第三条 自7月10日起，与创立公司相关的全部事宜（包括合并解散等）将全部交由甲方负责，乙方不得进行任何干涉，不得提出异议。

第四条赋予甲方综上所述的各项权利，如若公司未能成功创立或者解散，创业费及其他发起人和创立委员会承担的费用，都将由甲方承担，乙方不会受到任何牵连。

此致。

本契约书一式两份，甲乙双方各执一份为凭。

明治四十年6月30日。

> 箕面有马电气轨道股份公司
>
> 发起人兼创立委员长
>
> 田艇吉
>
> 发起人兼创立委员
>
> 速水太郎
>
> 发起人
>
> 土居通夫
>
> 野田卯太郎
>
> 弘道辅
>
> 池田贯兵卫
>
> 米泽吉次郎
>
> 股票承兑人

大阪市南区天王寺乌辻町

5751号地

小林一三

　　小林就这样承担了金钱上的全部责任，并一手承办所有的创立事务。完成这些需要近3万日元的创立费和每月4000日元左右的杂费。小林做好了心理准备，一旦发生问题，这四五万日元的费用就由自己一人负担，这样才能勉强按照自己的想法推动公司的创立。由于阪神电气铁路的董事岛德藏，也是片冈道辉、岩下清周所在公司的董事，再加上专务董事今西林三郎也是岩下一党，小林很担心阪神电气铁路迟早会兼并箕面有马电气轨道，便去询问岛先生，以杞忧而告终。

　　就这样，小林一手承办箕面有马电气轨道的所有创立事务。为了节省事务经费，便以20日元的房租在樱花水泥公司的二楼租赁了一个房间，用于处理创业事务。樱花水泥公司是由担任过三井银行名古屋分行长以及大阪分行长，也是小林上司的平贺敏所经营。不管是勤杂工还是跑腿人员，甚至是电话费和电灯费，都由樱花水泥公司负担。

创立总会的召开与公司开业

在小林的努力下，箕面有马电气轨道于1907年（明治四十年）10月19日，在大阪商业会所召开创立大会。创立委员长田艇吉发表报告，即到第一次承兑截止日期的9月28日，还有23231股尚未承兑，已经办理完所有丧失权利的手续。新的承兑人也在10月1日付清了所有的缴付款。有股东建议变更章程，便将箕面有马电气铁路改名为箕面有马电气轨道，并遵守由内务大臣颁布的命令书条例。之后，决定通过董事间互选，选举一名总经理与一名专务董事，只选举出总经理，或只选举出专务董事也无妨。

井上保次郎、松方幸次郎、志方势七、藤本清兵卫、小林一三被董事选出。通过互选，小林担任专务董事一职，总经理之位则暂时空缺。同时，野田卯太郎、平贺敏、速水太郎担任监察人一职。担任检查人员的上田宁、上畠益三郎向大会报告，根据商法规定的各项调查都是合法且正当的。根据1908年3月31日的《股东名录》，小林所持有的股份高达5万股，成为最大股东（表1-2）。

但是，箕面有马电气轨道公司在收购轨道用地时，曾将五张劝业债券（10日元券）赠送给冈町登记所的官员一事暴露，专务董事小林一三因此被罚款30日元。1910年3月3日，承担这一责任的小林一三从专务董事被降职到普通董事，同年3月10日，箕面有马电气轨道开业。虽然小林被降职为普通董事，但其实只是表面上降职，实际上依旧担任专务董事的职务，由他一人掌管公司这件事并没有发生任何改变。另外，小林在1916年（大正五年）10月恢复专务董事之职。

表1-2 箕面有马电气轨道的大股东（500万股以上）

	姓名	府县	股数		姓名	府县	股数
1	小林 一三	大阪	50000	21	弘 道辅	大阪	1000
2	池田铁太郎	兵库	2725	22	野田卯太郎	福冈	1000
3	井上保次郎	大阪	2000	23	野田 四华	福冈	1000
4	松方幸次郎	兵库	2000	24	上田 宁	兵库	790
5	松永安左卫门	大阪	2000	25	米泽政太郎	兵库	700
6	藤本清兵卫	大阪	2000	26	丹泽雅一郎	大阪	604
7	志方 势七	大阪	2000	27	河野 幸友	大阪	600
8	平贺 敏	大阪	1500	28	堀内庄三郎	东京	580
9	土居 通夫	大阪	1167	29	田中市太郎	大阪	550
10	速水 太郎	大阪	1050	30	游上政五郎	大阪	520
11	根津嘉一郎	东京	1000	31	饭田 义一	东京	500
12	岩田作兵卫	东京	1000	32	原田 敬三	东京	500
13	岩下 清周	大阪	1000	33	加藤 真吉	大阪	500
14	小野 金六	东京	1000	34	吉田 五郎	大阪	500
15	米泽吉次郎	兵库	1000	35	田中德次郎	大阪	500
16	长井 敬	大阪	1000	36	村上 满毒	东京	500
17	福泽 桃介	东京	1000	37	上畠益三郎	大阪	500
18	田 艇吉	大阪	1000	38	宫原 清	大阪	500
19	佐竹作太郎	山梨	1000		合计		87836
20	岛 德藏	大阪	1000		比率		79.85%

［注］ 箕面有马电气轨道股份公司《股东名录》1908年3月31日。

创立总会结束后，箕面有马电气轨道很快开始着手第一期线路即大阪—池田—宝塚，以及箕面支线的铺设工程，并将供给电灯、电力，经营娱乐设施以及买卖土地、房屋作为附带事业经营着。箕面公园的开发一事也与大阪府进行交涉。1909年8月24日，与大阪市缔结了关于特许铺设梅田—野江间延长线路的契约。此外，像电气机械、钢轨、附属品、桥梁材料、加工机械等外国订购产品，通过三井银行的居中调停及金融支持，缔结了延期付款契约。小林还自己出房租费，在池田町建造了名为自修舍的寄宿宿舍，聚集了10名左右的学生并培养他们，这些都是刚走出校门的学生，由于经济不景气未能就业。

铁道建设工程由铁道工务所的速水太郎管辖，主要由大林芳五郎负责施工。速水是当时一流的铁道工程师，大林则是大林小组的创业者，也是深受岩下清周信赖的土木工程承包商。

其结果就是，比起率先开工的京阪电车、神户市电、兵库电车，以及南海铁路的电气化，箕面有马以更快的速度推进工程。从1910年3月10日起，第一期线路便可以开业，比预定的4月1日提前了21天。

北浜银行事件

1914年（大正三年）4月，在第一次世界大战爆发之前，

《大阪日日新闻》的晚报开始攻击岩下清周。该晚报称大阪轨道（现近畿日本铁路奈良线）的计划鲁莽轻率，对社长广冈惠三（加岛银行行长），以及董事岩下清周给予警告，而这仅仅只是开端。大阪轨道的主线连通大阪与奈良，但其间有一座生驹山脉，建造贯穿该山脉的隧道工程简直难如登天，工程费也增加许多。岩下的北浜银行为该工程筹措了所有的资金，受到《大阪日日新闻》的警告，大阪轨道社长广冈宣布辞职，岩下成为继任社长。

但是，此后《大阪日日新闻》对岩下的攻击并未停止，1914年6月，北浜银行遭遇很大的打击，岩下引咎辞去行长之职，杉村正太郎继任行长。可是北浜银行在8月19日还是陷入了暂停支付的困境。一位名叫森下龟太郎的律师公开发表劝告书，要求岩下辞去国会议员之职。28日，大阪地方检事局以岩下有渎职、伪造文书之嫌将其告发。

以大阪府知事大久保利武为首，中桥德五郎、小山健三、片冈直辉、土居通夫、永田仁助等人围绕着藤田传三郎共同商议善后对策，以高仓藤平为行长的董事阵营就此诞生。12月10日，解决完上述案件之后，北浜银行重新开始营业，高仓及之后的行长高桥安次郎在堂岛、北浜一举成为有名的"大投机商"。这时，小林认为："正因为这些人当上银行行长便无法无天,才会被他人所取代,这是一开始就知道的",便决心"彻底改变箕面电车的方针"。[6]换言之,此时小林已经下定决心脱离北浜银行,谋求独立。

因为箕面有马电气轨道在创业之初,就接受了北浜银行的援助,所以世人认为它也因合伙人破产受到致命的打击,导致公司股价跌至缴付款的一半。因此,箕面有马电气轨道的监察人平贺敏,在完成1914年上半年度的结算时,撰写了《关于箕面有马电气轨道股份公司的真相之告诸位股东书》(1914年10月10日)。

据此制作出了1914年上半年度与1913年上半年度的营业收入对比图,如图1-1所示。从图中可以看出,除去货车收入,客车收入从270392日元下降到223848日元,下降了46544日元(17.2%);电灯、电力收入也从79002日元下降到49251日元,下降了29751日元(37.7%)。此外,动物园的经营收入与新温泉的经营收入也都减少了,整体收入从387334日元下降到305169日元,下降了82165日元(21.2%)。

但是,下降的主要原因是受到经济不景气的影响,乘客数量减少,同时也受到大阪轨道开业的影响,流失了一部分乘客,绝非是因为北浜银行破产。而与北浜银行的贸易,在其破产时也仅仅透支不过 2000 余日元。

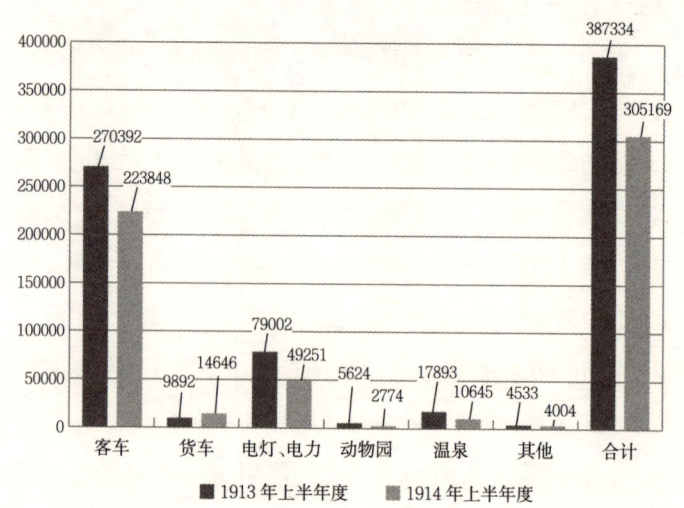

图 1-1 箕面有马电气轨道的营业收入比较（单位：日元）

项目	1913 年上半年度	1914 年上半年度
客车	270392	223848
货车	9892	14646
电灯、电力	79002	49251
动物园	5624	2774
温泉	17893	10645
其他	4533	4004
合计	387334	305169

［注］平贺敏《箕面有马电气轨道股份公司的真相之告诸位股东书》1914 年 10 月 10 日。

不仅如此，箕面有马电气轨道为了应对收入减少，断然实行公司内部改革，以节约经费。而且，如图 1-2 所示，实际上箕面有马每英里的建设费比京阪电铁、阪堺电铁、阪神电铁都要少，是"大阪附近最廉价的电铁"。

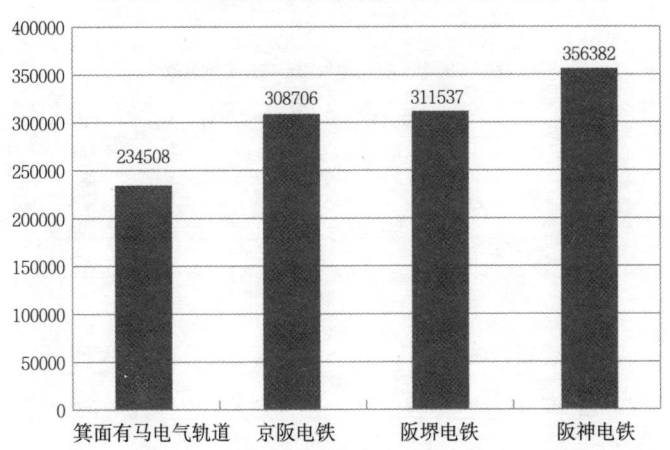

图 1-2 与关西私铁每英里建设费的比较（单位：日元）

箕面有马电气轨道	京阪电铁	阪堺电铁	阪神电铁
234508	308706	311537	356382

[注] 平贺敏《箕面有马电气轨道股份公司的真相之告诸位股东书》1914年10月10日。

  土地经营也不景气，1914年上半年度有26栋新建住房没有卖出去，亏损了2471日元。不过平贺认为，箕面有马电气轨道沿线"山清水秀的住宅地，是很有发展前景的健康地段"，所以"即使一时陷入不景气的境遇，也绝不应该沮丧气馁"。箕面有马经营着位于池田、樱井、冈的住宅地，在1914年上半年度还出售了丰中住宅地。如表1-3所示，共卖出241户，共150739坪，合计1125616日元的住宅地。[7]

  平贺认为股价的下跌以及箕面有马电气轨道的各经营指标恶化等，都不是由北浜银行破产造成的，而是由于经济发展的衰退，以及大阪轨道开业导致的乘客量流失造成的。

表1-3 箕面有马电气轨道的住宅地经营

	现金付款出售	延期付款出售	合计
户数	78	163	241
坪数	27964	122775	150739
价额（日元）	262054	865562	1125616

［注］平贺敏《箕面有马电气轨道股份公司的真相之告诸位股东书》1914年10月10日。

从北浜银行独立

以北浜银行的整顿为契机，小林开始摸索尝试将箕面有马电气轨道从北浜银行独立出来。1915年（大正四年）1月，箕面有马电气轨道社长岩下清周，以及与北浜银行关系深厚的董事加藤恒忠、松方幸次郎纷纷宣布辞职。平贺敏就任新社长，清水荣次郎、井上周成为董事。虽然小林想与北浜银行断绝关系，但至今为止二者关系深厚，并非轻易能够断绝。北浜银行的新行长高仓藤平是一位"世人口中的臭名昭著之人"，他要求由自己的党羽来担任箕面有马电气轨道的要职。小林最终没能拒绝高仓的要求，在4月的定期大会上，宣布高仓的党羽滨崎照道担任监察人一职，片冈直辉推举的山本辰六郎担任北浜银行的代表加入董事会。[8]

小林一三对这样的人事安排很不满，开始认真考虑，想要将北浜银行持有的箕面有马电气轨道的全部股份认购过来，让自己能够独立行事。于是他在处理北浜银行所持有的箕面有马电气轨道的股份时，添加了一个附加条件，即优先转让给本公司的董事。这样一来，由于北浜银行想要在三四日后尽快处理，便提议接受这一条件。对小林而言，虽然没有资金令他很头疼，但想到绝不能白白放过这次机会，便尽可能地多借钱，以便多认购公司股份。他还拜托日本生命、大同生命以及其他的友人承兑了两万数千股，小林自己也成为背负着"与身份不相符的借款"的大股东。[9] 如此一来，箕面有马电气轨道彻底断绝了与北浜银行的关系，实现了独立。

在小林看来，虽然受岩下清周关照的实业家有很多，但当岩下的疑案被揭发时，每个人都抱着"无论如何只要管好自己就行，岩下会怎样都无所谓"的想法而采取行动。从这开始，小林认识到："人类这种生物，实在是过于薄情，一到关键时刻就靠不住。在当今世道，我要做一个仰不愧于天，俯不愧于人，无论到哪也不依靠别人的人。只有靠自己才能堂堂正正地做想做的事情，除此之外，别无他法"，"要让自己完全改变对待人生的方针"。一直到1914年发生北浜银行事件，一路走来，小林对给予自己照顾的岩下，以及"给很多人都添了麻烦"，不过，他决定以后"不会给任何人添麻烦"。这也正是小林从"减法生活"向"加法生活"转变（从给别人添麻烦的人生向对别人有用的人生转变）的表现。不可思议的是，以北浜银行的破产为契机，小林又重新认识到"独立自尊"精神的重要性。[10]这种精神是他在庆应义塾时代从福泽谕吉那里学到的。

不过小林与一个名为《大阪新报》的报社经营也有关系。在1900年，政友会内的政治家巨擘原敬辞去大阪每日新闻社的社长之职，在返回东京时，考虑到在大阪，除了"朝日""每日"之外，也许可以再增加一份报纸，便由岩下出资，由原敬指名的资方代理人山田敬德担任社长以及编辑长职位，而后，开始收购正在出售的《大阪新报》。山田是一位敦厚之人，一点也不像新闻人，所以《大阪新报》也非常严谨、缺少乐趣，并不受大家欢迎。

即使这样，直到日俄战争爆发时，《大阪新报》都一直运营着，没有给北浜银行添麻烦。在此之后，岩下等人认识到由山田担任社长是不行的，便由加藤恒忠就任社长一职。新社长加藤通过给报社配备彩色印刷机等，积极地开展经营活动。不过，这些销售策略并没有收到很好的效果，岩下便拜托小林，希望小林在业余之时能够帮助报社的运营。

小林原本就是一个喜欢写文章，希望在新闻社就职的人，他很开心地接受了这个请求，并且义务为报社劳动，不要工资。

小林每天整理完箕面有马电气轨道的工作后，便在下午三四点左右离开公司，前往报社帮忙。《大阪新报》有20多万日元的短期贷款，每年还会有3万日元左右的亏损。因此，小林提议将位于大阪今桥二丁目报社总部的土地房屋，以15万日元的价格出售给了古河合名公司，再将这15万日元以定期存款的形式存入北浜银行，提出将积累起来的存款利息偿还给北浜银行的方案。但是该方案遭受到北浜银行的领导人小塚征一郎的反对，最后没能实施，因为小塚考虑到如果《大阪新报》经营顺利的话，应该会有盈余出现。[11]

野江线的规划与放弃

野江线是连接梅田与京阪电铁野江站的一条路线，1909年（明治四十二年）3月3日，箕面有马电气轨道获得铺设该铁路的许可。此时的京阪电铁，还处在建设连接大阪天满桥与京都五条大桥的路线（长46.6千米）期间，将于1910年4月全线开通。如果野江线完工，箕面有马电气轨道就可以与前面提到的神户线连接起来，实现连通神户—大阪—京都三地的可能。1913年2月15日，野江线被批准施工。

因为野江线贯穿大阪市内，所以要想获得铁道部的批准，首先要获得大阪市会的批准，并与大阪市缔结关于市内过轨的条约，必须附上条约书才能提交申请。当时，领导大阪市政的是市会的首领天川三藏、市政府的七里清介以及高级助理松村敏夫三人，小林与他们三人完全不相识。

那时，负责与大阪市交涉幕后工作的是松永安左工门。松永是小林的后辈，1898年从庆应义塾中途退学，与同是庆应义塾的前辈福泽桃介一起创办了"福松商会"，这是一家以贩卖煤炭和焦炭为主的公司，以神户为中心展开业务。三井银行大阪分行的田中德次郎是其非常要好的挚友，通过田中，他与平贺敏及小林一三等人的交往也密切起来。松永为了缔结野江线的大阪市内过轨条约，通过与其关系亲密的大阪市会的天川来进行一些幕后操作。具体是指，其将箕面有马电气轨道的新股份馈赠给前面提到的天川、七里、松村等人，以图从他们那里谋求方便。

这么一来，若能成功缔结野江线的大阪市内过轨条约，就能一并获得铁道部的批准。没过多久关于大阪市市政改革的舆论高涨，围绕野江线进行的一些幕后工作被随之曝光。小林和松永都受到检察当局的讯问，不过根据当时的法律，只有受贿的一方会被审判，而行贿的一方不会被审判。但是，小林和松永顾虑到对方，都没有供认行贿对象。结果，得知此事而大为惊讶的福泽桃介从东京赶来做了代理供认，之后松永在供认书上签字，事情就此收尾。最终案件结果是，大阪市高级助理松村被判决有罪，小林和松永被判决无罪。小林后来是如此记述事件结局的："结果是松村君被判决有罪，他一生都要在阴影中度过，白白耽误了一位优秀人才的前程。是他替我们承担不幸，我们才能幸福地生活着，实在是于心不安，真是为他感到痛心。"[12]

虽然小林煞费苦心地得到野江线的铺设权，但是由于北浜银行的破产，致使资金周转出现问题，不仅如此，他还必须认购北浜银行所持有的箕面有马电气轨道的股份，如此便更难筹集到建设野江线所需的资金，最终不得不放弃野江线的铺设。

小林提出只要承担至今为止实际建设的费用，自己就无偿让渡野江线的铺设权这一条件，与京阪电铁进行交涉，但是由于该公司的专务董事太田光熙拒绝了该项提议，交涉以失败告终。在1917年10月的股东大会上，小林得到废止的批准后，将铺设权无偿让渡给大阪市。

与滩循环电轨合并

滩循环电气轨道公司得到了连接西宫与神户路线（滩循环线）的铺设许可，但却无法启动铺设工程。该工程的发起人是兵库县知事服部一三、神户电铁社长村野山人、川崎造船社长松方幸次郎等人。而另一方面，箕面有马电气轨道制订了衔接滩循环线的计划，申请铺设一条路线，即从宝塚线的十三开始，途经伊丹到达西宫线的入口，并于1913年（大正二年）2月2日获得铺设许可。箕面有马电气轨道希望通过连接滩循环线，实现从大阪到神户间的电车直达。

不过，于1899年（明治三十二年）6月创立的阪神电气铁路，在得到安田善次郎的资金援助后，在1906年4月就取得了完成大阪—神户间（约20.6千米）的复线工程的好成绩。阪神电铁的路线靠近海岸铺设，箕面有马电气轨道则计划穿过山手，在西宫与滩循环线连接，从而连通大阪与神户。大阪与神户之间已经铺设了国有铁路线，如果箕面有马电气轨道的计划能够实现，其势必会与阪神电铁展开相当激烈的竞争。

北浜银行持有滩循环电气轨道的多数股票。因此，在北浜银行于1914年经营破产后，如何处理滩循环电气轨道的股票成为一大难题。取代岩下清周成为新北浜银行行长的高仓藤平劝说阪神电铁，希望由其收购滩循环电气轨道。阪神电铁当时拥有尚未开始建设的尼崎—安治川间的特别许可线路，如果再与滩循环电气轨道连接，就可以新建设一条从尼崎穿过安治川，经过滩循环电气轨道的山手线，到达神户的新线路。并且，阪神电铁的专务董事今西林三郎，又就任北浜银行的新董事，所以世人都认为阪神电铁会收购滩循环电气轨道。

如果滩循环电气轨道真的重新回归阪神电铁,箕面有马电气轨道实现大阪—神户间直通车的计划就会全面落空,这对于该公司来说是事关生死存亡的问题。小林开始与阪神电铁进行交涉,提出了如下三个方案。第一个方案,如果如北浜银行行长高仓藤平劝说的那样,由阪神电铁收购滩循环电气轨道,箕面有马电气轨道便放弃铺设阪神间直通线路的计划;但是,放弃该计划将使十三—门户间的线路失去价值,希望能由阪神电铁承担铺设该线路的实际费用。第二个方案,如果阪神电铁不收购滩循环电气轨道,则该轨道将由阪神电铁与箕面有马电气轨道共同经营。第三个方案,如果阪神电铁对第一、第二个方案都不赞同,由于箕面有马电气轨道要整顿北浜银行,出于无奈将会促成阪神间直通电铁计划的顺利实施。[13]

对此,可能阪神电铁认为,即使箕面有马电气轨道开始运营阪神间的直通电铁,也不会对其构成多大的威胁,便回复道,即使由箕面有马收购滩循环电气轨道也没有异议。于是,箕面有马电气轨道开始制订阪神间直通线路的建设计划,并于1916年4月28日,召开临时股东大会,经过大会决议,决定批准合并滩循环电气轨道的申请。

神户线的开业

这时，箕面有马电气轨道正在为筹措资金发愁。在550万日元的资本金中，有385万日元是缴付资金，有200万日元是公司债券。此外，唯一的交易银行北浜银行破产，勉强凑齐建设资金都成为非常大的难题。北浜银行方面的大股东完全反对箕面有马电气轨道的计划。浜崎永三郎甚至预先告知，如果箕面有马电气轨道建设阪神山手线路，他将卖掉所持有的箕面有马电气轨道的股票，结果他出售了全部的股份，因此导致箕面有马电气轨道的股价暴跌。

面临困难的财政状况，箕面有马电气轨道仍向北浜银行支付了20万左右的日元，其中包括滩循环线的建设费用及利息。新社长平贺敏虽说接手了藤本证券经纪人银行，实际上只是被强制进行同行整顿而已。新的交易银行是加岛银行，其社长广冈惠三不擅长电铁的资金交易，对于融资唯恐避之不及。

小林前往东京找到福泽桃介商量。福泽给小林介绍了十五银行的副行长成濑及其他两三个银行，结果都没能谈拢。此间，九州电灯的专务董事田中德次郎决定给小林融资。小林在从东京返回福冈的途中顺便去了大阪，将九州电灯的融资存入藤本证券经纪人银行，听说是为了便于使用这笔钱。就这样，小林化解了一时之急。

恰逢遇到第一次世界大战期间的经济繁荣期，箕面有马电气轨道的业绩也开始慢慢好转。公司抓住了这样的好机会，申请并获准铺设十三—门户的铁路，以及合并滩循环线路的特许线路。同年的6月16日，阪神电铁方面以箕面有马电气轨道的股东结城林清及那须善治等人的名义，主张关于合并滩循环电气轨道的股东大会无效，并到法院起诉。

小林为筹集建设通往神户的电车的费用，前去拜访岸本兼太郎，岸本买下了箕面一个叫作松风阁的建筑物，并将其作为关西工商业界的俱乐部场地。岸本劝说小林转行经营船舶，小林解释道自己奉行"一人一业"的方针，最终以6.5%的低利息成功从岸本那里借到300万日元。

1917年10月1日，新淀川以及神崎川的堤坝决口，十三—三国间的铁路都浸在水里，交通中断长达15日之久。在秋季这样的旅游旺季，发生这样的事对游览电车特点明显的箕面有马电气轨道来说，是一个巨大的打击。

即使如此，在1918年2月4日，小林还是将公司名从箕面有马电气轨道改为阪神急行电铁（阪急电铁），并于1920年7月16日开放神户线路。神户线开业的同时，小林放弃有马线、野江线，卖掉松风阁。小林是如此宣传神户线电车的："新开通的去往大阪（神户）的急行电车，是一辆干净、快速、宽敞、景致优美、凉爽宜人的电车。"[14]

1920年（大正九年）7月16日，阪急电铁连通西宫—神户间的滩循环电气轨道，并开始大阪—神户间新线路（神户线）的施工。该公司在箕面有马电气轨道时代的1913年2月20日，为了连接滩循环线路，在十三站进行道路分支，并得到经过伊丹站、到达西宫线门户站的新路线铺设许可。

不过，从1916年6月至1918年12月，围绕滩循环电气轨道，阪神电铁的诉讼长达两年半之久，无论是一审、二审，还是最高级法院，都判定小林一方胜诉。后来小林在回顾这场官司时，曾如此讲道："如果那个时候，阪神电铁走上了正确的道路，帮助当时深陷逆境的箕面有马电气轨道，作出收购滩循环电车的决定，那么今天会变成什么样呢？我们面对着箕面宝塚的青山绿水，为像诗人一样多愁善感的感性生活，配备乡下电车这种游览设施，可能就像寒碜的江湖艺人在表演杂技一样。"[15] 对于阪急电铁的经营来说，收购滩循环电气轨道是至关重要的。

与阪神电铁的合并之说

箕面有马电气轨道在创立之初，就被人们评价道："像那样的乡下电车，最终都是以强行卖给阪神电铁为目的。"[16] 小林自身也考虑过，比起操劳这个乡下电车，和岩下清周、今西林三郎、岛德藏等人一同成为阪神电铁的董事该有多好。

就这样在某一天，小林被岩下叫到了北浜的花外楼。他抵达之后才发现，岩下和今西两位都在，想要与他探讨合并阪神电铁与阪急电铁之事。岩下原本就已经有了计划，即以阪神电铁为中心，合并、统一郊外电铁。合并这个话题一流传开来，阪急电铁的股价便开始暴涨。据说是今西在背后操作的。

此后，也有与阪神电铁合并之说。据说已经隐居到富士山脚的岩下找到小林，表示片冈直辉希望阪神电铁与阪急电铁合并。片冈既是南海电铁的社长，也是关西电铁界的大人物。根据片冈所言，阪神电铁与阪急电铁会以对等的条件合并，由片冈担任社长，小林担任专务董事，不过，一切工作都会交由小林处理。小林听后立刻开始书写合并草案，并在午饭后前往银行集会所，拜访片冈。同席的渡边千代三郎在看过大纲后讲到，这么一来好像是阪急电铁要合并阪神电铁。片冈也讲到，是阪神电铁要合并阪急电铁。小林则回答说，需要和社长平贺商讨，并且在召开董事会议后才能给予答复。

平贺的意见是，由于他反对阪神的传统式经营方针，如果是阪神电铁合并阪急电铁，他是不会同意的。还有一个原因则是，平贺认为小林是过于任性之人，如果他跳槽到阪神电铁，结果必定会失败，就这样一边打岔，一边拒绝了合并之事。不过，自那以后，小林和片冈直辉自不用说，就连和他的儿子直方，也变得疏远起来。[17]

注释：

1 小林一三"逸翁自叙传"《全集》第 1 卷 127 页。

2 同上，130—131 页。

3 同上，134—135 页。

4 同上，137—138 页。

5 同上，141—142 页。

6 同上，190 页。

7 以上所述都来自于平贺敏的《关于箕面有马电气轨道股份公司的真相之告诸位股东书》(1914 年 10 月 10 日)。

8 上述"逸翁自叙传"《全集》第 1 卷 190—191 页。

9 同上，191 页。

10 小林一三"我的人生观"《全集》第 1 卷 229 页。

11 上述"逸翁自叙传"《全集》第 1 卷 193—196 页。

12 同上，175—176 页。

13 同上，201—202 页。

14 同上，207 页。

15 小林一三 [1932]，"这个公司的前路将会如何"吉原政义编《阪神急行电铁 25 年史》(同社) 2—3 页。

16 上述"逸翁自叙传"《全集》第1卷213页。
17 同上，217页。

Ⅳ 宝塚的经营

箕面动物园的开设

为了增加箕面有马电气轨道的乘客数量,必须尽早开发沿线的住宅地。但在较短时间内开发住宅地并非易事,在沿线得到发展、乘客数量稳定下来之前,需要修建一些游览设施招徕乘客。

小林在《宝塚成长手记》中写道:"为了增加乘客数量,必须尽快发展沿线住宅地,除此之外别无他法。但是住宅地的经营难以在短时间内取得成功,在沿线得到发展、乘客数量稳定下来之前,不得已需要修建一些游览设施来大量招徕乘客。"[1]旅游地的候选分别是箕面和宝塚。决定充分利用箕面的幽谷与山林之美,在那里开设新式的动物园。收购武库河东岸的人造陆地,在宝塚建造由大理石堆砌的大浴池,打造温泉以面向兴趣雅致的家庭。

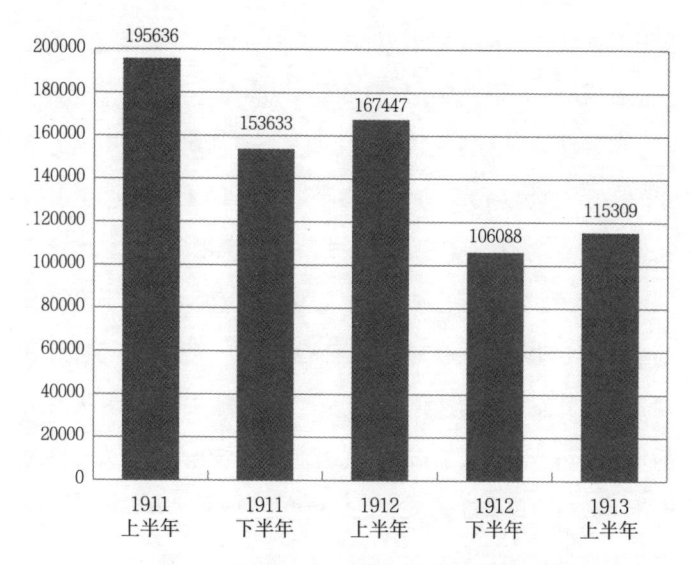

图 1-3 箕面动物园的入园人数（单位：人）

时期	人数
1911 上半年	195636
1911 下半年	153633
1912 上半年	167447
1912 下半年	106088
1913 上半年	115309

[注] 箕面有马电气轨道股份公司《营业报告书》各期。

1910年（明治四十三年）11月1日，箕面动物园开园。在当时的近畿地区，除了京都以外的其他地方还没有动物园，因此吸引了众多游客。箕面有马电气轨道的《第7次营业报告书》(1910年下半年度)中这样记载："开园后持续完善园内设施，安置园内动物。入园人数渐增，很大程度上影响了运输收入，两者可以说是相辅相成。实际在这一阶段，箕面有马电气轨道就已经有相当大的利润收入了。"[2] 如同其记载的那样，随着箕面动物园入园人数的增加，箕面有马电气轨道的乘客数量也在增加。可以说，小林的用意得以实现。

箕面动物园入园人数的变化如图1-3所示，1911年上半年的入园人数为195636人。由于下半年10月份举办了山林儿童博览会，尽管是在万木萧瑟的冬季，箕面动物园也维持了153633人的入园人数。1912年上半年，箕面动物园学习德国的哈肯贝克动物园，建设了豹舍等猛兽舍，同时开始运营空中观光车。箕面动物园这样记录道：游乐设施"在保持其天然性的同时，巧妙施以人工修饰，二者配合，产生众多令人瞩目的变化，即使终日游玩也不会使人厌倦"，入园人数达到167447人（平均每日915人）。[3]

但在此之后，入园人数便开始减少，1912年下半年只有106088人（平均每日583人）。这不仅仅是因为米价上涨、利率暴升等因素造成了经济萧条，还因为同年7月末天皇逝世，民众自我约束的氛围在全社会扩散开来。不过，箕面有马电气轨道只将其当作"一时现象"，他们的预测稍显乐观，即"坚信随着冬去春来，乘客数量增加的同时，一定会有更多人来到活泼有趣的箕面动物园"。[4]在1913年上半年，随着阪神电气铁路香栌园内的动物园闭园，加上箕面动物园新引进了一批动物，如大象、老虎、袋鼠、长臂猿等，入园人数有所增加，达到115309人。

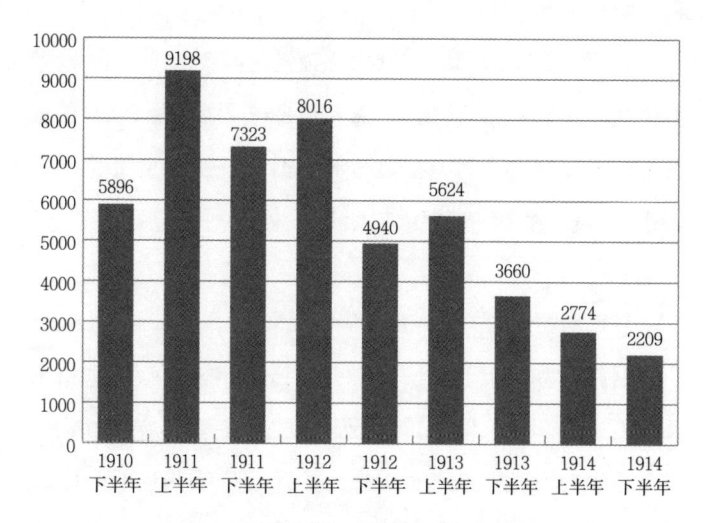

图1-4 箕面动物园的营业收入（单位：日元）

时期	营业收入
1910下半年	5896
1911上半年	9198
1911下半年	7323
1912上半年	8016
1912下半年	4940
1913上半年	5624
1913下半年	3660
1914上半年	2774
1914下半年	2209

[注]箕面有马电气轨道股份公司《营业报告书》各期。

箕面动物园的营业收入如图1-4所示，1911年上半年营业额共有9198日元。在此期间，箕面动物园为了成为"不容置疑的日本第一"动物园，不仅扩充设施种类、引进各种动物，还新设昆虫类标本展览室、空中观光车等，成为"都市人雅游的一大乐园"。[5]然而此后，虽然1911年下半年营业额为7323日元，1912年上半年为8016日元，却在1912年下半年跌至

4940日元。尽管1913年上半年略微上涨，从1913年下半年起，营业额又在持续下降。

自此，箕面动物园的营业收入便没有再增长过。第一次世界大战爆发出现的经济衰败，被认为是造成游客数量减少的重要原因。1914年1月，在天王寺公园内开设的大阪市立动物园也给箕面动物园带来巨大的打击。

箕面动物园的关闭与宝塚集中主义

箕面动物园的经营以失败告终。箕面动物园利用自然的高山岩石来饲养猛兽，然而即使是轻微的地震，高山岩石都会龟裂，乃至沙土崩塌。饲育猛兽相当复杂，维护费用也不断上涨。箕面公园原本就是自然景观优美的天然公园，将公园世俗化并不是大阪市民所期望看到的。关于箕面动物园关闭的始末，小林一三的说法如下：[6]

随着各种各样设施的逐渐齐全，箕面动物园的客流量也有所增加，取得了意想不到的好成绩。但是在宝塚新温泉开始营业后不久，其方针就完全改变了。如果将公园当作世俗之地，损害其天然美，那倒不如为了居住在煤烟都市的大阪市民，保持公园天然的幽静。这种永久保护森林之美、保护箕面公园内自然环境的思路采用了宝塚经营的集中主义思想，箕面动物园最终还是关闭了。

小林放弃了箕面的开发,采取"宝塚集中主义"思想,立志将宝塚打造成一个大型娱乐中心。1916年3月箕面动物园关闭,旧地皮卖给了岸本汽船的社长——岸本兼太郎。岸本也是箕面动物园的出资者,他在1926年创办了箕面学园普通小学(现箕面自由学园小学)。

箕面有马电气轨道的终点宝塚,位于六甲山的峰峦——让叶狱山的山脚,是一个沿着生濑的溪谷流淌至武库河的早濑的"风光明媚的景色胜地",宝塚温泉便在这里。温泉的起源十分久远,宽政八至十年(1796—1798年)间刊载的《摄津国名胜地画集》中是这样记述的:"宝塚温泉位于盐尾温泉附近的山下。在此汲水,并用温泉沐浴,可以有效地治疗疾病。据说流淌的有马温泉,也是从这里涌出。因为此处的群山与川面村相连,所以也被叫作川面温泉。"1885年(明治十八年),没有了"盐尾温泉"的"川面温泉"在武库河右岸的小松原被作为矿物质泉开发,周围陆续有浴池和旅馆开业。这就是宝塚温泉的起源。[7]

在铁路沿线住宅地的经营步入正轨之前,小林希望在宝塚温泉建造游览设施,将此作为吸引乘客的策略。小林制订出计划,并向旧温泉方面提出建议,即将原始泉水分成两个部分:

一部分用火力加热成温泉水，并在高地修建水槽铺设浴池，将温泉水分配给旧温泉的大众浴室和各个旅馆的室内浴室；另一部分则用于新建的冷泉碳酸浴室，由箕面有马电气轨道负责。但是，旧温泉方面四五个掌权人却不顾发展宝塚的大局，他们主张占有水道权、原始泉水使用权，甚至是分配的垄断权，而土地所有者只关心地价的上涨。最终，小林的提案没有被采纳。

小林收购了武库河平原的人造陆地，1911年（明治四十四年）5月1日，宝塚新温泉开业。新温泉设有大理石建造的大浴场，大厅内装饰有大枝形吊灯。男子大浴场更衣室的墙面上挂有油画，由西洋画画家冈田三郎助所绘。浴池的面积有50平方米，温泉水从狮子口中注入浴池。在右手边的尽头，还配备了当时少见的蒸汽浴室。

开业之初的入浴费用是大人5钱，小孩2钱。再加上梅田到宝塚间的来回路费，税后是39钱，来回所需时间是50分钟。根据箕面有马电气轨道的《第8次营业报告书》（1911年上半年），宝塚新温泉在开业之初的盛况如下：[8]

如上述报告所说，宝塚新温泉于5月1日开业，面向城乡广泛宣传其建筑之宏伟、设施之完善。其顾客数量之多令人惊讶不已，付费入浴的人数共有249632人，平均每天有1631人。平均每天的入浴费，普通温泉是71.43日元，家族温泉是

21.45日元，共计92.88日元。新温泉的开业大大推动了当地的繁荣，商铺旅馆相继开张，颇感面目一新。原本宝塚就是以温泉著称，再加之风光明媚，与武库河相隔，与峦峰相对，可以说风景奇佳，宝塚的发展前景一片大好。

1911年上半年刚开业的时候，宝塚温泉的顾客数量就达到249632人（平均每天1631人），与上述箕面动物园的开园相辅相成，共同"促进电车收入的激增"。宝塚新温泉的顾客数量变化如图1-5所示，冬季的顾客数量虽有减少的趋势，整体上还是保持着平稳的增势。"现如今宝塚新温泉已有一个小街市的规模"，相当的繁华热闹，同时也促进了电车收入的增加。[9] 宝塚新温泉还设置了能够供家庭享乐的"家族温泉"，这是小林以新兴中产阶级为目标人群开设的。这一举措使得小林名声大振。

开业的第二年，1912年7月1日，在大浴场的左边新开了一个仿照欧美风格的娱乐场"伊甸园"（暑期冷水浴场）。"伊甸园"是一座童话风格的三层西式建筑，正面的左右各设计了一个屋塔，室内还设有游泳池。1915年（大正四年）建成的大阪府立茨木中学（现茨木高中）的游泳池，被认为是日本最早建成的正式游泳池。虽说是用于娱乐，宝塚新温泉的室内游泳池可比它早3年建成。

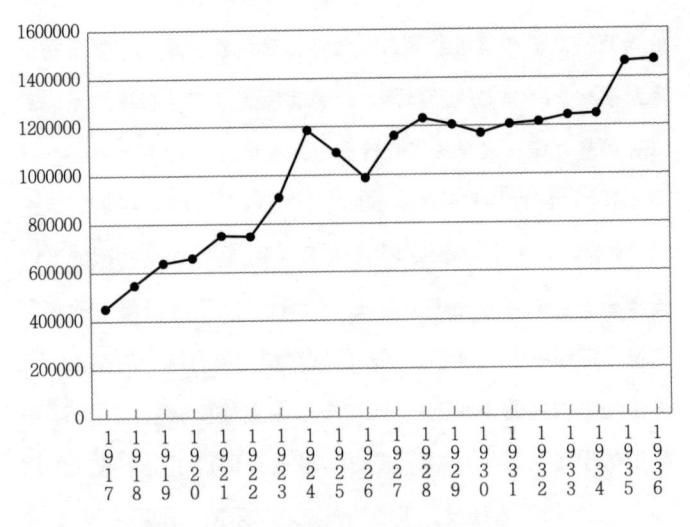

图1-5 宝塚新温泉的顾客数量的变化(单位:人)

[注]阪神急行电铁股份公司《营业报告书》各期。

箕面有马电气轨道的《第11次营业报告书》(1912年下半年)中,宝塚新温泉被比作樱花,箕面动物园被比作梅花,"新温泉不仅设施完善,还配有附属游乐场'伊甸园'"。宝塚新温泉作为配备有娱乐设施的"乐园"发展起来,这个比喻体现了其特质。[10] 此外,从1912年3月23日起,宝塚新温泉开始举办妇人博览会,吸引了众多游客。1914年下半年增设了图书馆、台球场、食堂等,另外还开办了家庭博览会。虽说总收入比上一年同期下降了近68%，但在箕面有马电气轨道看来："和近畿地区的其他温泉相比，宝塚温泉依然持续获得好评，根据当时的实际情况，无须过于悲观"。[11]

而在宝塚新温泉的伊甸园内设置的室内游泳池，则完全以失败告终。小林在《逸翁自叙传》中是这样讲述的。[12]

游泳池是个巨大的失败。虽说无法达到标准游泳池的要求，但也拥有可供跳水的深水区，以及可供小孩玩耍的浅水区，池底设计成了倾斜的角度，开业之初，经常聚集着近百个年轻人。但那时不仅不允许男女同浴，连从二楼观看在水中进行的各种竞技都被禁止。

但是并不能说是因此导致的失败。真正的原因是阳光无法直射到室内的游泳池，所以游泳池的水温很低，即使游短短5分钟都会冷得受不了。而国外的游泳池都会在水中放入铁管，通过铁管给游泳池输送蒸汽，以此来保持适宜的水温。可惜当时并不知道这一方法。

虽说如此，这里却成为宝塚少女歌剧诞生的地方。小林将游泳池的水槽改造成观众席，将更衣室改造成舞台，将舞台下方改造成后台，还将二楼改造成包厢；让少女歌剧作为温泉的助兴节目上台表演，并模仿当时在大阪人气很高的三越百货店的少年乐队。这里正是宝塚歌剧团的诞生之地。

西宝线的开通与宝塚

箕面动物园在1916年（大正五年）3月关闭。放弃开发箕面的小林一三，实行了所谓的"宝塚集中主义"，将宝塚建设成阪急电铁沿线代表性的游览地。从小林在1937—1938年间执笔的《小浜村志稿》中可以了解到：在宝塚，温泉旅馆林立，配备有东洋第一的歌剧场、旧温泉、舞厅、酒店、大型运动场、高尔夫球场等，"宝塚成了大阪神户间唯一的欢乐场，其兴盛昌隆之势与日俱增，已经转变为贯通四季的娱乐场所，这恐怕不是其他娱乐场所能比的"。[13] 小林在《宝塚漫笔》中曾这么讲述宝塚："40余年前，这里还是武库河畔的一个小荒村，现如今已成为大众娱乐的胜地，还发展成一个叫作宝塚的城市。我在年轻时对歌剧和写作满怀憧憬和热情，同时怀揣着实业家的梦，而这些热情和梦都在宝塚歌剧、宝塚街道里结出了丰硕的果实。"如文中所写，宝塚是"一座强行建造的城市"，倾注了小林无尽的心血。[14]

1917年至1922年宝塚经营的动向如表1-4所示。1917年，宝塚新温泉的浴客人数有451057人，收入是41151日元。根据阪急电铁的《第21次营业报告书》（1917年下半年）可知，取得这些成果是因为"该温泉的设施非常完善，是关西地区首屈一指的游览地，获得了广泛好评。此外，其独有的少女歌剧也获得了相当高的人气"。[15]

表1-4 新温泉收入在宝塚经营收入中所占的比重（单位：日元·%）

年度	新温泉（a）	宝塚经营（b）	a/b
1917	41151	47138	87.3%
1918	59575	76601	77.8%
1919	90670	142244	63.7%
1920	116758	201489	57.9%
1921	133995	453074	29.6%
1922	139311	483386	28.8%
1923	168182	661363	25.4%
1924	229595	1177299	19.5%
1925	213756	1215690	17.6%
1926	190484	1109584	17.2%
1927	222949	1266863	17.6%
1928	237162	1368033	17.3%
1929	267807	1481080	18.1%
1930	323926	1465038	22.1%
1931	326008	1551322	21.0%
1932	321267	1541712	20.8%
1933	330788	1488435	22.2%
1934	331953	1501733	22.1%
1935	391564	1858975	21.1%
1936	392822	1926366	20.4%

［注］阪神急行电铁股份公司《营业报告书》各期。

在此之后，宝塚新温泉的浴客数量、收入都在稳步增加，1922年分别增加到747341人和139311日元。虽说1921年

081

上半年与上一年同期相比，浴客数量减少7527人，收入减少504日元，根据阪急电铁《第28次营业报告书》（1921年上半年），其主要原因是"普遍的经济不景气，加之在仲春游乐最盛的礼拜天和节假日当天，天气状况不好所造成的"。因此，这只是"一时的收入减少"。"宝塚乐园与西宝线的开通相辅相成，其作为阪神间唯一的游乐场，前途不可限量。"[16]

1921年9月2日，从西宫到宝塚的西宝线开通。不过，就像下半年的阪急电铁《第29次营业报告书》（1921年下半年）预测的那样，同年的下半年与上一年度同期相比，浴客数量增加99575人，收入增加17752日元。翌年的4月1日，阪急电铁在完成西宝线的全线复线化之后，就制定了"应完善宝塚游乐场的内外设施"的方针。[17]到1920年为止，由宝塚新温泉的浴客带来的收入，在宝塚经营收入总额中所占比超过一半。不过，在1921年则仅占比29.6%，而1922年仅占比28.8%。可以看出，很大程度上依赖宝塚新温泉收入的宝塚经营，也相应地发生着一些变化。

宝塚酒店与六甲山酒店

1921年（大正十年）9月，阪急西宝线开通，宝塚南口站成为到达宝塚新、旧温泉的玄关口。数年后的1926年5月，在宝塚南口站的前面建成了一座5层洋楼，这就是新开业的宝塚酒店。工程费用共计23.8万日元，工程建设由大林组承包。

宝塚酒店的资本金是50万日元。平塚嘉右卫门、须藤久之助、南喜三郎、岩田常右卫门、山口幸太郎、木村笃三等人担任董事，林治作、吉野重三郎就任监察一职。其中，平塚担任代表董事。平塚出身于良元村（现宝塚市）的世家。正如在宝塚歌剧场的入口"樱花大道"旁树立的表彰碑上所刻的那样，他"与宝塚电铁合作，共同创办宝塚旧温泉、宝塚酒店、宝塚高尔夫俱乐部"，"为宝塚市作为观光住宅城市，实现繁荣发展奠定了根基"，他也以此闻名于世。

宝塚酒店是南喜三郎根据"小林一三下达的建造与一流观光地相匹配的酒店这一指示"建设的，阪急电铁也提供一半的资金。宝塚酒店的《创立宗旨书》中是这样讲述的："大阪、神户的多数人都希望建设一个简单舒适的酒店"，"文化生活的趋势是出现一个宝塚温泉酒店"。宝塚是"依靠阪急电铁的剧场经营，从而发展成如今的理想乡"，现急需一个与之相称的酒店。[18] 1926年8月，宝塚俱乐部成立，阪急电铁的董事上田宁出任理事长。俱乐部里有围棋、象棋、撞球（台球）、高尔夫球场、网球场、弓道场等，成为居住在阪神间的知名人物的社交场所。

但是，宝塚酒店的经营也并非一帆风顺。在1928年（昭和三年）10月召开的临时股东大会上，宝塚酒店决定双倍增资，阪急电铁趁势拿到了该酒店的大量股份，并在同年的11月开始建设六甲山酒店，作为宝塚酒店的配楼。承包该项工程的是竹中工程公司。在此之前，阪急电铁已经开始开发六甲山，还在山顶开设了配备食堂和住宿设施的"六甲阪急俱乐部"。六甲山酒店便是由"六甲阪急俱乐部"改建，并把箱根宫下的一个老字号西式酒店——富士屋酒店作为学习模范。

六甲山酒店在世界经济危机爆发前的1929年7月10日开业。以暑期避暑的客人为消费对象，其营业时间只有7、8两个月。小林自己也经常在暑期住在六甲山酒店。他以此为契机，创办六甲山索道股份公司等，让六甲山的观光开发步入正轨。

1930年1月，宝塚酒店在宝塚南口站内设置了一个零售店。同年5月，六甲山酒店的"六甲山上阪急食堂"开业。1939年，六甲山酒店在宝塚南口站设置了一个服务站，开始物品贩卖、行李暂存、宝塚指南等一系列业务。7月，租借了六甲山展望台的一部分场地开设咖啡店。

即使如此，宝塚酒店和六甲山酒店的经营仍旧无比艰难。小林在后来讲述道："原来没有比酒店经营更难的东西"，"我直接或间接地参与宝塚酒店、六甲山酒店、热海酒店、别府酒店、琵琶湖酒店以及其他酒店的经营，负担了多少营业赤字啊。为什么日本的酒店就是不能顺利地经营下去呢？关于如何让年轻人外出游玩，尽管做了很多调查，想了很多办法，但还是不得要领，经营步履维艰，渐渐萎缩"，他这样感叹酒店经营之困难。[19]

宝塚的进化

1923年（大正十二年）1月22日，宝塚新温泉发生一起火灾，火灾过后，仅剩下一栋温泉浴场，歌剧场、食堂、休息室、走廊等都烧毁殆尽。但小林反而认为这是一个好机会，可以将宝塚建成"大众娱乐的理想乡"，[20]他亲自负责新建剧场，在大约2个月后的3月20日顺利竣工，4月16日起开始公演。游乐园、小剧场等各种设施也都相继完工，他还制订了在游乐园的毗连土地旁建设一个大植物园的计划。截至8月15日，新建的伊甸园、西式食堂完工，还建造了一个运动场。就这样，宝塚新温泉面目一新。阪急电铁的《第33次营业报告书》（1923年下半年）中这样记述当时宝塚新温泉的状况：[21]

随着各设施的充实完善，宝塚新温泉越发取得好成绩，整个2月都将其中一座歌剧场借给了东京市村座尾上菊五郎，正在建设中的大歌剧场也预计在近期竣工。在其竣工之时，应该会呈现出更惊人的盛况。为普通观光客游玩提供的运动场、游乐园、植物园等也在日益充实完善。并且，宝塚还引进了在大地震后解散的日本运动协会的选手，成立了宝塚运动协会，可以预见将来运动场的使用频率会日益增加。

关东大地震发生后的1924年7月19日，大剧场竣工。此剧场可以容纳近4000位观众，甚至能与由麦克斯·莱因哈特管理的德国柏林的夏罗登堡大剧院比肩，可以说这体现了小林的"新大众性大剧场主义"理想。小林主张大剧场主义，是出自其"让更多的群众以便宜的价格看到优秀戏剧"的考量。在中小剧场，每人的入场费很贵，因此戏剧就成为了"极少数特权阶级的娱乐"。[22]

大剧场招聘了尾上菊五郎剧团、市川猿之助剧团、剧团筑地小剧场、水谷八重子剧团等，还组建了宝塚国民剧团。宝塚国民剧团作为新民众剧团十分活跃，引进了俄罗斯和意大利的大歌剧，邀请了美国的肖恩舞蹈团、中国的名角梅兰芳等人。阪急电铁的《第34次营业报告书》（1924年上半年）中这样记述道："随着各设施的充实完善，宝塚新温泉越发取得好成绩，特别是在7月下旬大剧场开业后，将会呈现出更大的盛况。"可以看出以大歌剧院的开场为契机，宝塚将更加热闹繁华。[23]

宝塚大剧场 1924年

    1922年6月，隶属宝塚运动场一部分的大棒球场竣工，游乐园也在同年11月完工，并制订了将在游乐园附近建造大植物园的计划。在小林的积极动员下，因关东大地震的影响不得不解散的日本最早的职业棒球队"日本运动协会"，以宝塚运动协会之名再次起航。由于日本没有其他的职业棒球队，日本运动协会主要与学生、实业团体、俱乐部队伍进行比赛。1925年上半年，日本运动协会邀请了芝加哥的棒球选手参加比赛。1926年7月与斯坦福大学比赛，同年9月与华盛顿大学比赛。

原本箕面有马电气轨道在箕面拥有运动场，不过还不足以举行棒球比赛。1913年6月一同新建了丰中停车场和运动场。停车场原计划在1913年10月1日开业，却在同年6月开设了用轨枕铺设的临时停车场。在运动场的开场典礼上，庆应义塾大学与美国的斯坦福大学进行了比赛。在丰中的棒球场上，还举行了第一届和第二届"全国中等学校优胜棒球大会"（现在的全国高等学校棒球选手大会）。但因宝塚新建了棒球场，丰中的棒球场于1920年3月9日关闭。[24]

1936年1月，小林组建了名为大阪阪急棒球协会（阪急）的职业棒球队。1935年10月，滞留在华盛顿的小林突然得到一个消息，自己的竞争对手阪神电铁将在年内组建职业棒球队。小林闻讯当机立断，也决定组建一支职业棒球队，于是创立了大阪阪急棒球协会。随后在1937年5月，在西宫站北口建设了阪急西宫球场。

小林与后乐园运动场（棒球场）的开设也有着深厚的关系。1935年秋季开始，建设后乐园运动场的形势转好，出让预计用地——东京炮兵军工厂旧址被政府提上日程。小林受托成为这个项目的代表，但他以日本在职业棒球这一领域10年之后都不一定可行为由拒绝，他认为即使在美国这样做也相当艰苦，更别说日本。在国外旅游之时，小林却最终决定组建一支职业棒球队，并于1936年11月参与到股份公司后乐园球场的创立，成为发起人之一。而这时，田边七六、宗英兄弟二人也在发起人名单上，他们是小林年幼时便离开他的父亲——甚八的儿子。

后乐园运动场由田边七六担任董事会会长，田边宗英担任专务董事。小林与正力松太郎共同担任该公司的顾问。后乐园运动场从1937年9月开始营业，不过经营得并不顺利。这种情况下，小林在1938年6月取得了该运动场过半的股份。当时该运动场的股票价格是票面价格减去1、2日元，不过小林是按照票面价格进行承兑。在小林看来，如果借助大众娱乐的专家之手，灵活利用广阔的野外球场的话，一定能吸引来很多观众。1942年12月，田边宗英担任了后乐园运动场的社长。[25]

稍微岔开话题，由于经济不景气，宝塚浴客的数量在1926年显著减少，之后的发展也并不顺利。但在此期间，小林于1929年11月1日创立月光公园，于1931年11月1日新设了外园，且合并了宝塚植物园。1930年1月1日，新架了一条连接宝塚新温泉内场与宝塚月光公园园内的天桥，一并收取入园费，大人30钱，小孩15钱。虽然经济不景气，浴客人数有所减少，收入却增加了。

而后图书馆、女子青年会馆相继成立，1932年7月末，宝塚新温泉内长50米、达到标准规格的游泳池竣工，可容纳5000名观众。开办之初占地面积2千余坪，运营费不足2万日元的宝塚新温泉，如今已成为一个占地面积5万坪，经营费66万日元，设施费270万日元的大型游览地。宝塚"现如今已不是阪急的宝塚，也不是关西的宝塚，而是整个日本的大宝塚"。[26]

1935年1月25日，宝塚大剧场由于火灾被焚烧殆尽。1934年下半年的浴客数量比上一年同期减少60285人，总收入减少12764日元，餐饮以及其他方面共减少24318日元。不过，1935年4月1日，大剧场华丽复活之后，1935年、1936年的浴客数量以及收入都有大幅度的增长。

宝塚经营的动向如表1-4（81页）所示，1923年，宝塚新温泉的收入在宝塚经营总收入中占25.4%，在1928年则下降至17.3%。1930年上半年，入浴门票重新定价后，所占比重有所上升，不过也只是在20%左右徘徊。这是因为随着宝塚开发的推进，除了新温泉入浴费之外，其他收入所占的比重也在增加。"宝塚设施费"是指剧场、歌剧学校、运动场、游乐园等"宝塚内各个设施"的会计科目在这以前用"建设费"进行支付。不过随着设施的扩张，其逐渐当成一个单独的项目来处理。[27] 将宝塚设施费从宝塚经营的收益中除去后，再来看宝塚的利润率的话，到 1933 年为止，利润率都是极低的，有不少年份甚至是负增长。好不容易利润率超过 5% 时，已经是 1934 年以后的事了。虽然宝塚的开发进展显著，但是宝塚经营的利润率却一直很低。

宝塚合唱团

1913 年（大正二年）7 月，宝塚合唱团开始招收第一批成员。其中有高峰妙子、雄山艳子、外山咲子、由良道子、八十岛楫子、云井浪子、秋田衣子、关守须磨子、三室锦子、小仓深雪、大江文子、松浦藻盐、三好小夜子、筑波峰子、若菜君子、逢坂关子共 16 人。

合唱团的指导者由安藤弘、安藤智惠子夫妻二人担任。安藤是鸠山一郎内阁的文部大臣安藤正纯的弟弟，有过在本愿寺当和尚的特殊经历。这个不同寻常的人，"多年来只怀有歌剧这一个理想"。他的妻子智惠子是三井物产的董事小室三吉的女儿，后来成为世界级歌剧演员三浦环的竞争对手。上野音乐学校出身的藤本一二，其妹妹是智惠子的同学，正是借着这个缘分，小林将藤本夫妻二人请来担任合唱团的指导。小林认为能由安藤弘担任宝塚合唱团的指导者，是"宝塚之幸"，因而对安藤表示热烈的欢迎。[28] 就这样，安藤弘作为指导者开始整合宝塚合唱团，唱歌交由其妻智惠子指导，音乐交由高木和夫指导。事务方面则全权交与宝塚新温泉的主任安威胜也负责。宝塚合唱团的体制被整治一新。

当时，宝塚合唱团的内部出现两种互相对立的观点。一方认为，如果只唱歌未免过于单调，还应该上演歌剧；另一方则依据经营者的见解，认为上演正式的歌剧过于高雅脱俗，不适合用作温泉场所的助兴节目，应该上演一些更加符合大众口味的节目。虽然双方一时处于对立状态，不过后来互相让步，聘请了高尾枫阴、久松一声为舞蹈编导。泷川末子、筱原浅茅、人见八重子、吉野雪子四人作为第2期生源加入了宝塚合唱团。之后还组建了宝塚少女歌剧养成会。

宝塚少女歌剧养成会的教育方针，几乎都是遵照东京音乐学校（现东京艺术大学）的规则。入学要求是小学毕业的15岁以下的少女，毕业年限不得超过3年。在此期间，她们需学习乐器、唱歌、日本和西洋舞蹈、歌剧等。

第一次公演是在1914年4月1日，利用伊甸园的室内游泳池举行。将水槽全部铺上地板，改造为观众席，将更衣室改造为舞台。不过，此时还计划到夏天再将其改造回游泳池。公演时上演的节目有：歌剧《扑通》（北村季晴作）、喜歌剧（注：

喜剧内容的歌剧)《兴奋的达摩》(本居长世作)、舞蹈《蝴蝶之舞》(宝塚少女歌剧团作)。

宝塚歌剧,这一日本剧团史上划时代的里程碑,就这样作为温泉场的助兴节目诞生了。这同时也是其向成长为新国民剧迈出的第一步。

此后,宝塚少女歌剧养成会自1914年8月1日起,上演了《浦岛太郎》(安藤弘作)、《红叶狩》(小林一三作)、《音乐咖啡》(安藤弘作),在1915年则上演了《和平的女神》《兔子的春天》《女儿节》(薄田泣堇作)等。那段时间,小林一三也在创作剧本。

首次公演大获成功后,便将公演次数定为春、夏、秋、冬各一次,每次都上演新创作的歌剧。但是,第一次世界大战爆发后,日本经济陷入不景气之中,观众数量也随之减少。这时的大阪每日新闻社,一方面为了向世人介绍宝塚歌剧,另一方面则为了帮助大每慈善团募集基金,在年末召开了大每慈善歌剧会。该歌剧会的第一次公演始于1914年12月11日,连续3天在北浜的帝国剧院举行。

大每慈善歌剧会好评如潮。1916年年末,在道顿堀的浪花剧院举行了第三次公演。不过,浪花剧院并不能容纳所有蜂拥而至的观众。因此,第五次公演是在中之岛的中央工会堂举行的。此外，歌剧会还收到了钟渊纺绩慰安会、爱国妇人会慈善会、京都青年会大义卖会、医科大学慈善会等的邀请，因公前往大阪、京都、神户进行公演。虽然苦于经营困难，还是聘请了楳茂都陆平（舞蹈编导）、三善和气与原田润（作曲）等人作为歌剧团的老师，在老师的指导下培育新的舞台艺术。

之后，少女歌剧养成会以成为音乐歌剧学校为方针进一步扩大。1918年12月28日，按照私立学校规定，少女歌剧养成会获得了建校批准，在1919年1月6日创办了宝塚音乐歌剧学校，首任校长由小林一三担任。学校以东京音乐学校、法国的歌剧学校为模板，分为预科一年级、本科一年级、研究科。不仅重视提高学生的技艺，还重视陶冶学生的品性。宝塚少女歌剧养成会的学生，可以直接入学宝塚音乐歌剧学校。而宝塚少女歌剧团由宝塚音乐歌剧学校的员工、学生、毕业生组成，歌剧团也成为他们表演在该校学习到的音乐、歌剧、舞蹈剧的单位。

非盈利本位的经营

观看过宝塚少女歌剧的作家坪内逍遥，给《宝塚少女歌剧集》1号刊（1916年10月）寄了一篇文章，内容如下：[29]

即使站在我以前主张的舞蹈剧立场，我也是双手赞成促进歌剧兴隆的做法的。但是在当今日本社会，几乎不可能看到歌剧广为流行的盛况。针对这个现状，不得不说可爱的少女歌剧的出现是一个非常不错的想法。而且，少女歌剧团还派出了讲故事的人，通过他们来慢慢引导少男少女对歌剧的兴趣，再慢慢培养社会的新趣味，我觉得这个想法非常合适。

用几句话来阐述歌剧，歌剧必然是既有大的方面，也有小的方面，既有深的内容，也有浅的内容。当前必须要先从浅的、小的内容开始。像符合小孩子兴趣爱好的睡前故事也好，像历史故事也好，都要一点点慢慢推进。希望未来能够出现一个大歌剧团，一个可以尝试上演瓦格纳等大家大作的大歌剧团。最近，歌剧的研究家们也正在探讨，当下适不适合先从喜剧入手，慢慢推动社会推广。这么可爱的少女歌剧团一定会获得他们的认同。

坪内以睡前故事和历史故事为题材，希望宝塚少女歌剧团在未来能够成长为一个"可以尝试上演瓦格纳等大家大作的大歌剧团"，并对此抱有很大的期待。宝塚少女歌剧团于1918年5月在帝国剧场进行东京公演。之后，东京公演每年举行一次，筑地小剧场的管理者小山内熏也观看了该公演，并对宝塚少女歌剧团寄以厚望。他感叹道："说少女歌剧就是日本将来的歌剧也不为过吧。而且我认为日本歌剧正是从这种东西中孕育出来的"。小山将宝塚少女歌剧与正宗的歌剧比较了一番,"形式上首先有点像小歌剧,在歌曲之间加入了一些不加修饰的台词。但是,如果是像《竹取物语》这样的曲目,就会在里面加入很多歌剧风格的成分。不过,宝塚的管理者们表示少女歌剧只想保持现在的名字,不想直接被称为歌剧。我很喜欢他们这种谦虚的态度",小山认为少女歌剧的演出是可以匹敌正宗歌剧的。[30]

因为宝塚少女歌剧是作为新温泉的助兴节目诞生的,它在帝国剧场公演之后才开始收取门票费。以此公演为开端,少女歌剧团开始出入东京的新桥演舞场、歌舞伎座等,不久便建立了东京宝塚剧场。

从1921年起,小林根据大剧场主义,提出创造新国民剧这一独特的构想,同时,他还将演出家、作曲家、事务担当者等宝塚歌剧的指导者们派遣到欧美。1921年3月,小林让宝塚歌剧的理事吉冈重三郎远赴美国考察那里的歌剧界。1923年5月到1924年11月,小林派遣作曲家高木和夫到欧美。1926年1月到1927年5月,小林让岸田辰弥去欧美旅行,在旅行的同时学习一些演出企划。岸田在回国后,最先发表的作品是《我的巴黎》。这是将经过中国、锡兰(现斯里兰卡)、埃及,旅行到巴黎期间的记忆,通过歌剧演出呈现出来的作品,它的主题曲《美丽的记忆，我的巴黎，我们的巴黎》大受欢迎。从1928年10月到1930年5月，一直在外旅行的白井铁造回国后写的《巴黎Z》也大获成功。[31]

但是，宝塚少女歌剧的经营并不兴盛。在小林看来："宝塚并非仅仅以学校或歌剧团的盈利为目的存在的"，"不如说已经做好了亏损的准备，立志为了将来新歌剧艺术的大成而不断学习，不断努力"。[32]

如果不是因为从电铁公司那里获得大量的补助金，宝塚歌剧团的经营是绝对无法维持下去的。如果只考虑盈利，就会践踏了"纯洁、正直、高尚"这一理想，宝塚歌剧团也会沦为一个随处可见的普通歌剧团。宝塚始终坚持小林30年来的主张，即"将崇高的理想、国家的使命，以及人格魅力相结合，实现新戏剧的大成"。[33]

注释：

1　小林一三"宝塚漫笔"《全集》第2卷446页。
2　箕面有马电气轨道股份公司的《第7次营业报告书》1910年下半年18页。而且，关于《营业报告书》，将里面的旧字体都改为了常用汉字（或者正体字）。在以下的注释中都会省掉"股份公司"。
3　箕面有马电气轨道的《第10次营业报告书》1912年上半年23页。

4　箕面有马电气轨道的《第11次营业报告书》1912年下半年23页。

5　箕面有马电气轨道的《第8次营业报告书》1911年上半年18—19页。

6　上述"宝塚漫笔"《全集》第2卷446—447页。

7　宝塚市史编撰专门委员会[1981],《宝塚市史》第8卷（同市）5页。

8　箕面有马电气轨道的《第8次营业报告书》1911年上半年19页。

9　箕面有马电气轨道的《第9次营业报告书》1911年下半年20页。

10　箕面有马电气轨道的《第11次营业报告书》1912年下半年23—24页。

11　箕面有马电气轨道的《第15次营业报告书》1914年下半年22页。

12　小林一三"逸翁自叙传"《全集》第1卷181页。

13　"小浜村志稿"1937—1938年时的[1979],上述《宝塚市史》第6卷339页。

14　上述"宝塚漫笔"《全集》第2卷443页。

15　阪神急行电铁股份公司的《第21次营业报告书》1917年下半年23页。在以下的注释中都会省掉"股份公司"。

16　阪神急行电铁的《第28次营业报告书》1921年上半年24—25页。

17　阪神急行电铁的《第29次营业报告书》1921年下半年26页。

18　新阪急酒店25年史编撰委员会[1992]《新阪急酒店25年史》（同一公司）1页。

19　小林一三"我的人生观"《全集》第1卷250页。

20　吉原政义编[1932],《阪神急行电铁25年史》（同一公司）6页。

21　阪神急行电铁的《第33次营业报告书》1923年下半年25页。

22　小林一三[1954],"序"萩原广吉编《宝塚歌剧40年史》（宝塚歌剧团出版部）所收。

23　阪神急行电铁的《第34次营业报告书》1924年上半年23页。
24　正木喜胜[2014],"丰中运动场的诞生及其意义"《阪急文化研究年报》第4号23页。
25　股份公司后乐园运动场公司史编纂委员会编[1990],《后乐园运动场50年史》(同一公司)9—35页。
26　上述《阪神急行电铁25年史》7页。
27　阪神急行电铁的《第32次营业报告书》1923年上半年10页。
28　上述"宝塚漫笔"《全集》第2卷449页。
29　同上,455—456页。
30　同上,456—458页。
31　津金泽聪广[1991],《宝塚战略——小林一三的生活文化论》(讲谈社现代新书)56—58页。
32　上述"宝塚漫笔"《全集》第2卷469—470页。
33　同上,470页。

V 阪急百货商场的开业与发展

阪急电铁总社大楼的建设

1918年（大正七年）2月，箕面有马电气轨道将公司更名为阪神急行电铁。两年后的1920年7月，连接大阪的梅田与神户的神户线正式开通，这一年的11月，梅田站内一幢5层（建筑面积83.19坪，地下1层加上地上5层的建筑面积共500坪）的红砖高楼竣工。这一建筑就是阪急电铁总部大楼，3楼到5楼是该公司的事务所，2楼开办了由阪急电铁直营的食堂，与1楼的白木屋百货商场签订了租赁契约，同意其在此经营零售商店，主要销售食品及日用杂货等。

白木屋与三越同样都是从江户时期的衣料商发展而来。1903年10月，白木屋向百货商场转型，于1919年2月成立股份公司。白木屋以东京的总店为中心，在各地开设分店。由于当时位于大阪堺筋备后街角的大楼还在建设中，便希望在梅田开设分店。可以说，梅田分店的开设来源于白木屋的请求。

不过，根据下文的叙述，这其实也是小林为了创办终点站的百货商场而进行的市场调查的一部分。

阪急大楼2楼食堂的菜品全部为西餐，煎牛排、炸肉饼、煎蛋卷、火腿色拉、油炸丸子、咖喱饭（送咖啡）等，人气非常高，一律30钱。一日元套餐（五个菜品送咖啡）在1922年3月停售，改成40钱送咖啡的简餐。咖喱饭后来降到25钱，不久之后又降到20钱。该食堂提供的西餐因为比其他地方都便宜而广受好评。

小林一三想在梅田站开办阪急百货商场是源于这样的背景：1904年（明治三十七年）12月，越后屋衣料店发表《百货商场宣言》，创办三越百货商场，引领了近代日本百货商场的发展。不过，招徕顾客是一件相当辛苦的事。三越为了吸引顾客，除了举办活动，还配备了一辆14座的"红色汽车"往返于东京和三越之间，即便两地之间徒步只需要10分钟。这些举动都是为了尽可能多地招徕客人。

在阪急电铁的终点站梅田站，每天都有10多万乘客上下车。如果在这里开办一个百货商场，那些乘坐电车的人就会直接变成商场的顾客，就算不费尽心思招徕客人也没关系，还能将省下来的钱用于九折左右的降价销售。

考虑到这一情况，小林便把阪急电铁本部大楼的1层租借给白木屋。之后小林曾讲道:"起初是想尝试在梅田站前(神户方向的电车站台)建造一个特别小规模的建筑物,所以才交由白木屋开店,果然在开店之后,取得了相当不错的成绩。"[1] 正如小林所述,将阪急大楼 1 层租借给白木屋的一个原因,就是为了证实其结果符合所作的市场调查,即自己创办终点站的百货商场的构想是正确的。收取不固定的店铺租赁费,按销售金额收取一定比例的费用,也是为了进行市场调查。比起赚取租金,小林更想以按销售金额比例分配为由,调查每天的销售总额。在自己直接经营的百货商场开业前,先让其他店开业,试着进行市场调查,这种思虑周全的经营被称作"小林式经营法"。因为"电铁公司经营百货商场,别说在日本,就是国外也没有先例",[2] 所以小林非常认真和谨慎。

阪急商场的开业

1925 年(大正十四年)2 月,阪急电铁组建阪急商场准备委员会,着手筹办直营商场。筹备委员会的成员大多是门外汉,他们提出了"在商场该卖些什么"的课题,并展开调查。小林向筹备委员会提出要求,[3] 即"这次商场开业,不需要做任何浮夸的事情,也无须摆放全部的商品,只要摆放商场最畅销的商品即可"。

筹备委员会如实地按照小林的指示展开行动，除了阪急梅田的白木屋办事处，还调查了阪神的大海堂、京阪的野田屋、大轨的三笠屋等位于电铁沿线的食品店。此外，以白木屋梅田办事处为首，他们还站在各电铁始发站的店铺出入口，一丝不苟地调查顾客的数量。根据这些调查结果，筹备委员会给出了这样一份报告：建议在2楼的卖场销售食品[点心类、干货、调味品、佃煮（注：以盐、糖、酱油等烹煮鱼、贝、肉、蔬菜和海藻而成的日本食品）、水果]，在3楼的卖场销售日用百货、化妆品、家庭用品、麦秸草帽等季节性商品。

1925年4月，与白木屋的租赁契约到期之后，白木屋梅田办事处关门。直到5月5日端午节，才将总部事务所搬至早已买下的大阪日日新闻社大楼，6月1日，阪急电铁总部5层建筑物的2、3层内，由阪急电铁直营的阪急商店正式开业。此外，在总部大楼1楼修建了通向停车场的出入口和候车室；2楼的食堂被搬到4楼、5楼后继续营业。新食堂的面积有140.37坪（客人座席107.96坪，后厨32.41坪），扩大了近两倍，顾客人数也有所增加。平均每天的顾客人数由1925年3337人，变为1926年4092人和1927年4778人。[4]

阪急商店在1925年6月1日开业。由电铁公司直接经营商店，不用说在日本，就算放眼全世界也是有史以来第一次。

阪急电铁的阪急商店工作人员们制作了5万张印有"开业之际，敬候光临"的邀请传单，将3万张夹在沿线的报纸里，剩下的2万张发放给梅田站和神户站的乘客。[5]

为了给铁路沿线的诸位居民提供便利，敝公司直营的日用品商店在梅田阪急大楼开业了。

敝公司以顾客的利益为出发点，销售价格亲民的商品。由于初次经营商店，一定存在诸多令人不满之处，还望诸位不必介怀，直接提出，我们会进一步完善服务。最后，恭候大家的光临。

阪神急行电铁股份公司
阪急商店全体工作人员

就这样，以销售日用品为目的、在当时属于大型商店的阪急商店开业了。卖场每层的面积都是80坪，2楼主要销售点心类、罐头、佃煮、干货、水果、书籍、杂志、烟草、玩具及其他的一般类食品。3楼则主要销售化妆品、洋货、厨房用品以及其他的一般日常用品，还提供显影冲洗。营业时间为早上9点至晚上9点，共12个小时，店员人数达133名。开业当天，顾客蜂拥而至，数量之多超出预想。商场内部熙熙攘攘，特别是2楼的食品柜台与3楼的平顶硬草帽柜台尤其拥挤。平顶硬草帽是当时流行的、男性在夏季使用的麦秸草帽,平常都是一顶2日元左右,当时只卖90钱,大家觉得很便宜便纷纷抢购。

阪急商店自开业以来,"一下子就收到沿线居民的热烈欢迎",[6]销售总额稳步上升。阪急沿线的居民自不用说,就连阪神电铁和省线电车的沿线居民也都蜂拥而至,纷纷前来购物。1925年6月,商店的销售总额为5.8万日元,半年后的12月就达到了13.9万日元,是原来的2.4倍。[7]

因此,拓宽进货渠道成了经营上重要的课题。阪急商店尝试了很多办法,比如依照按职业分类的电话本寻找有名的商店;直接拜访供货商;拜托征信所帮忙调查等,还在1925年6月7日的《大阪每日新闻》上登载了如下的广告。[8]

批发店的各位老板:

    由我司直营的阪急商店于6月1日开业。由于工作人员没有经验,没能完全解决货源问题,现在处于困境之中。能提供对于居住在阪急沿线的家庭来说是必需品,且"买下这个商品的顾客一定会很开心"的供货商请与我司联系。

阪神急行电铁股份公司
阪急商店工作人员

像三越这样，由江户时期的衣料店发展而来的百货商场，有一些在很久之前就保持商业往来的老字号批发商，进货源很充足。而阪急百货商场的历史很短，必须自己开拓货源。小林以从事"大众本位的事业"为目标，即为沿线家庭提供购买之后感到满足的必需品。不过究竟是哪些商品呢，还需要向批发商请教。

阪急百货商场的开业

随着阪急商店业绩的提高，160坪的卖场显得过于狭窄拥挤。1927年（昭和二年）3月，就任社长的小林一三开始考虑建设一个正式的百货商场。同年12月，阪急商店着手在御堂筋的正对面，也就是梅田邮局的旧址上修建一座新建筑。该楼占地面积328坪，地下两层，地上八层，于1929年3月完工。自4月15日起，旧阪急商场从旧商场转移到新楼，并作为阪急百货商场开始营业。大楼的1楼是梅田站的中央大厅，2楼到6楼是以售卖日用品和杂货类为主的直营百货商场，7楼到8楼入驻了直营的食堂。地下1楼成为以鱼菜市场为主的商店。开业前的4月13日、14日这两天，小林在《大阪朝日新闻》上刊登了如下的一则广告。[9]

阪急百货商场：

终于要在 4 月 15 日开业了。

比别处物美，

比别处价廉。

想要将这作为阪急百货商场的销售方针，却怎么也无法备齐商品，店内装修简陋，服务不周，我们为此感到羞愧。但是，我们希望能创办一个耐心、稳妥、出色的商场，所以无论如何都需要诸位的支持、指导和关照，除此之外，我们别无他法。若开店之初便热闹非凡，想必诸位也会与有荣焉，谨在此拜托诸位。

阪神急行电铁股份公司
社长小林一三

小林将阪急百货商场的经营方针表述为"比别处物美，比别处价廉"。小林曾这样评价美国的百货商店："不愧是科学经营法正宗的发源地，在宣传与销售的技巧方面，确实有很多出众的地方"，后来又讲道："我们所考虑的真正的服务，对于客人来说，是指提供物美价廉的商品。"[10]

之后小林还刊登了一则名为"阪急百货商场的大方针"的

新闻广告，在上面自问自答：为什么能做到"比别处物美，比别处价廉"？"因为我们不用负担过多经费"。随后列出了6条没有经费压力的理由，[11] 分别是：①不用出钱打广告；②以现金买卖为主；③不外销；④可以节省远距离配送的费用；⑤是阪急电车的副业；⑥不需要付房租。最终，这个"比别处物美，比别处价廉"的信条，"终于获得了大家的认可，每天都能迎来很多客人，幸运地使营业进展顺利，取得好的成绩"。[12] 就这样，以食品、杂货、食堂为重心的国内第一个位于终点站的百货商场诞生。

围绕百货商场法与阪神百货商场的开设

1936年11月，小林一三在其作品《日后之事》中写道："日本的百货商场比欧美要发达很多。长久以来，大家以美国的百货商场为典范，就连欧洲也在模仿美国。在当今时代下，这种百货商场除了规模巨大以外，没有其他出彩的地方。"抛开规模大小不谈，日本的百货商场已发达到可以与欧美国家媲美的程度。此外，欧美的百货商场的理念看起来似乎是："比起如何才能卖得更便宜，他们更关心怎样做才能获得顾客的好感。为了把商品卖出去，即使顾客不需要，他们也会通过巧妙的方法强行推销给顾客，而且这种做法很普遍。因此宣传是第一位的，推销方法也着实巧妙。"[13]

但由于世界经济的不景气，无论哪个国家的百货商场，都陷入了艰难的境地。美国的百货商场由于连锁商店的扩张而受到压制，德国和法国则与零售店展开了激烈的竞争，各国对百货商场的管制也进一步加强，累进税变得相当高。在日本，"百货商场法案"被议会提上议程，管制的倾向也在加强。在这种情况下，小林讲道："像过于压制零售店这类的积极政策，反而会更早招致政府的管制。从这个角度来看，应尽可能地等待并利用这段时间，制定与之相对应的方针。"[14] 也就是说，百货商场必须慎重应对连锁商店、消费组合以及政府的管制，未雨绸缪。

百货商场的经营环境越发恶劣。在这种情形下，阪神电气铁路于1937年春，在贵、众两院即将要通过"百货商场法案"之前，获得了一块大约2350坪的土地。该地位于大阪梅田站前的规划区内，阪神电气铁路计划在此地创办阪神百货商场，在阪急百货商场的正对面，开设一个资本金200万日元、卖场面积2万多坪的大规模百货商场。"百货商场法案"一旦成立，店铺的扩张、新设几乎都会被禁止，阪神正是预料到这一点才如此规划的。

针对阪神百货商场的计划，阪急电铁出版了《关于阪神百货商场的新设》（1937年7月30日），用于批判阪神百货商场的计划。在这种趋势下，到了20世纪30年代，百货商场作为"符合大众消费要求的配给单位"得到快速发展，抢走了普通零售店的顾客。因此，百货商场成为"零售店商家怨恨的对象"，百货商场与零售店商家的对立，已经不仅仅是经济问题，甚至升级为社会问题。

1933年4月，百货商场商业工会成立，百货商场之间签订了自制协定，并在商工省的批准下，制定管制规约，想要借此除去竞争激化造成的不良竞争行为所带来的弊端。但是，由于缺少强制加入的规定，管制的效力仅限于加盟的百货商场的范围内，无法约束法外同行业者。因此，"促进制定百货商场法"的运动开展了。在1937年3月的第70次议会上，贵族院通过了《百货商场法》。不过，在众议院还在商议该法律时，议会就被解散，最终未能实施。阪神电铁则借此良机，创办了阪神百货商场。

如上文所述，阪急电铁对阪神百货商场的创办计划进行了严厉的批评，认为"果真是与百货商场营业的实质有关吗，不得不怀疑阪神是否真的获得了批准"。大阪市的百货商场的卖场面积如表1-5所示，一共有72125坪，后又计划扩大卖场规模，增加25000坪，变成97125坪。六大城市的百货商场的卖场面积平均一坪所对应的人口数如表1-6所示，大阪市只对应41人，是最少的一个城市。第二位是京都市62人，第三位是东京市66人，大阪市与其他市的差距很大。也因此，大阪市内百货商场的竞争非常激烈，滋生了各种廉价销售、分店销售、引诱销售等弊害。这种情况下，如果拥有2万余坪卖场面积的阪神百货商场真的出现在大阪市内，将会敲响警钟，即百货商场之间的竞争将更加激烈，并引发更多的社会问题。

表1-5 大阪市的百货商店的卖场面积（1937年）

店名	卖场面积（坪）	扩张计划（坪）
大丸大阪本店	12246	
三越大阪分店	6334	
高岛屋	14755	10000
松坂屋大阪分店	11638	3400
大阪酥合	10186	1400
阪急百货商场	11138	
大轨百货商场	3328	3300（第一期）
京阪百货商场	2500	
大铁百货商场		6900（第一期）
合计	72125	25000

［注］阪神急行电铁股份公司《关于阪神百货商场的新设》1937年7月30日。

特别是阪神电铁与阪急电铁在阪神间拥有并行的线路，彼此的竞争更为激烈。因此，如果再出现一个阪神百货商场，两家的竞争甚至会达到白热化的程度。阪急百货商场比阪神百货商场多拥有近10年的历史,阪神百货商场一定会通过自己雄厚的资金,标榜廉价销售,以此向阪急百货商场发起挑战。两公司之间的竞争将陷入"完全不在乎收支的核算,一定要斗到至死方休"的毁灭性竞争中。

阪神百货商场与阪急百货商场的竞争,将不仅限于两公司之间,还会波及市内其他的百货商场。不仅如此,普通的零售店也会被卷入竞争的洪流中,甚至被逼到绝境。最终,进一步刺激零售店对百货商场的反对情绪,好不容易平息的百货商场与零售店的问题会再度爆发。也就是说,"阪急电铁、阪神电铁两公司之间的斗争,不仅会牵连大阪市内各家百货商场,甚至还将波及小零售商,由经济问题升级为社会问题"。这实在是"愚蠢至极"。[15]

表1-6 位于六大城市的百货商场平均一坪所对应的人口(1937年)

城市名	人口(万)	平均一坪对应人口(人)
东京	600	66
大阪	300	41
京都	110	62
神户	100	83
名古屋	110	68
横滨	70	93

[注] 阪神急行电铁股份公司《关于阪神百货商场的新设》1937年7月30日。

注释：

1 小林一三《我的生活方式》(全集)第3卷97页。
2 同上，96页。
3 阪急百货商场股份公司史编集委员会[1976]，《阪急百货商场股份公司25年史》(同一公司)，78页。
4 同上，75页。
5 同上，87页。
6 狩野弘一编[1936]，《大·阪急》(百货商场新闻社)21页。
7 前述《阪急百货商场股份公司25年史》83页。
8 同上，86页。
9 同上，104页。
10 小林一三《我的事业观》(全集)第1卷339页。
11 前述《阪急百货商场股份公司25年史》122页。
12 阪神急行电铁的《第45次营业报告书》1929年下半年23页。
13 小林一三《日后之事》(全集)第7卷42页。
14 同上，45页。
15 以上所述，都是出自阪神急行电铁股份公司《关于阪神百货商场的新设》(1937年7月30日)。

VI 田园都市公司·目黑蒲田电气铁路的经营

田园都市公司的创办

在经营阪急电铁中大显身手的小林一三，从1921年（大正十年）6月起，开始参与田园都市股份公司的经营。从1928年（昭和三年）5月到1936年11月，小林一三一直担任目黑蒲田电气铁路以及旧东京横滨电气铁路的董事。田园都市公司是在第一次世界大战之后的1918年（大正七年）9月，由涩泽荣一创办的以经营土地、房屋的分割出让为业务的公司。

涩泽对英国人埃比尼泽·霍华德提倡的"田园都市"抱有很大的兴趣，他本人也想鼓励东京市内的有产阶级从市内搬到郊外去住。因此，他决定在1916年11月召开田园都市公司的创立委员会，由他本人担任委员长，创办一个经营池上附近的土地、房屋的分割出让，以及电车事业的新公司。根据1918年1月发表的创办宗旨书，该公司的目标是"将中产阶级人士由市内转移到空气清新干净的郊区，让他们既能保持健康，还能享受设施完善的便利生活"。以荏原郡玉川村以及洗足池附近的42万坪土地为基础，除了已经获得批准的池上电气铁路、武藏电气铁路，还计划铺设从大井町到洗足、玉川的预定开发地，再经过玉川电气铁路的驹泽附近，到达新宿的荏原电气铁路。[1]

田园都市公司创办于1918年9月，资本金为50万日元（1万股）。涩泽荣一持有1600股，东京商业会议所的会长中野武营持有600股，其他人里，服部金太郎（1800股）、绪明圭造（1800股）、柿沼谷雄（1000股）、伊藤干一（1200股）、星野锡（600股）、市原求（600股）、竹田政智（400股）等众多日本桥俱乐部的成员成为该公司的大股东。日本桥俱乐部是指在1890年（明治二十三年）成立，由在日本桥一带经营实业的绅商发起的组织。

田园都市公司由中野担任社长，竹田担任专务董事，泽涩已经从实业界隐退，只担任顾问一职。由于中野就任社长不久后过世，实际的经营事务都是专务竹田在负责。

1920年1月，荏原电铁申请将预定铺设的路线改为大井町—调步村（现田园调布）。这样做既是因为《轻便铁路基本法》被废止，实行新的地方铁路法，也是因为田园都市公司的经营范围已扩大到洗足地区、大冈山地区、多摩川地区（田园调布），更改路线是为了串联起这三个地区。荏原电铁在1920年3月获得路线修改许可，4月便将其无偿让渡给田园都市公司，全权交由田园都市公司建设并经营。

田园都市公司将铁路事业和电灯、电力供给事业也加入章程，并在1921年2月获得目黑线[大崎町—碑衾村（现大冈山）之间]的铺设许可。1922年8月获得电灯、电力供给事业的许可。其不仅限于经营土地、房屋的分割出让，还兼带经营电灯、电力供给事业和电铁事业。

目黑蒲田电气铁路的创办

1920年，由于经济不景气，田园都市公司的大股东们，也就是日本桥俱乐部的成员们，他们的正业也都受到影响，自顾不暇。涩泽便拜托第一生命保险的矢野恒太承兑田园都市公司的股份，并担任社长一职。矢野同意承兑股份，却坚决推辞担任社长。涩泽找到第一生命的董事兼富士纺织的社长和田丰治商量，和田建议涩泽去拜托箕面有马电气轨道的专务小林一三。此时，小林因成功推动电铁经营与沿线住宅地开发的一体化而闻名于世。

1921年6月，矢野前往大阪会见小林，拜托其担任田园都市公司的社长。最初小林坚决推辞，但难以抵挡矢野的热情邀请，只好答应出席董事会，并附带了三个条件：①不暴露名字；②不收取任何报酬；③每月仅在周日去一次公司。

将大阪作为自己经营实业的地盘，秉承"一人一业"理念的小林，之所以接受经营田园都市的邀请，是因为"作为朋友的矢野先生的一再请求"。矢野这样劝说小林道："在东京，拥戴涩泽荣一、想从他那里谋求工作的人不可计数。不过，能够帮助泽涩先生，得到其托付去做事的人应该没有。（中略）因为你是第一个，大可以炫耀一番。"[2]

除了在洗足地区已经收购的6万坪土地，小林还收购和修建玉川、调布地区的30万坪土地，想推动连接分售土地和市中心的铁路的一体化开发。但即使小林在董事会上阐述了自己的想法，实际上也难以推进。小林为了寻找荏原铁路的经营者，特地拜访了铁道部，铁道部将武藏电铁的常务董事五岛庆太介绍给小林。关于那段经历，五岛这样讲述道：[3]

小林每个月来公司一次，参加董事会议并发表自己的意见。他身着茶色和服裙裤，脚穿白色短布袜，披着大衣，选在合适的时间来到公司。虽然小林来了两三次，每次都讲了自己的意见，不过直到他下个月来公司，都没有人着手去做。小林想要找一个能够如实按照自己的意见办事的人，就去铁道部要人。他通过矢野的介绍人拜访了铁道部，询问合适的人选，铁道部建议小林去拜托经营武藏电气的五岛庆太。这便是我与目黑蒲田电铁结缘的开始。

暂且省略五岛详细的履历介绍，他在1911年7月从东京帝国大学毕业后直接进入铁道部，并于1918年9月成为私人铁道的监督局总务科长，辞职之前都在负责私铁的行政监督。1910年（明治四十三年）6月武藏电铁成立，拥有从东京涩谷到平沼的线路铺设许可。但是，由于筹集不到资金，一直无法开工。1920年乡诚之助成为社长，同年3月正值战后经济不景气，仍旧无法开工。五岛正是在这种背景下参与了武藏电铁的经营。小林这样评价五岛道：[4]

虽然现在你与乡先生一起经营东京与横滨间的武藏铁路，不过这个工程可不是一小笔资金就能搞定的。比起武藏铁路，应该先铺设荏原铁路，实施田园都市计划。如果将田园都市公司持有的45万坪土地都卖了的话，大家都会变成有钱人，所以先来做这个吧。如果成功了，就可以将这笔钱用于铺设武藏铁路，这样一来不是很好吗？总之先这么说……虽说很想立刻合并武藏电铁，与你共同经营，但是这样做的话田园都市和荏原铁路的股东肯定会感到恐慌，武藏电气铁路也不会答应，所以你先作为专务董事加入到荏原铁路，负责实际执行我的决定，要不要来？

五岛听从了小林的忠告,同意经营田园都市公司电铁部,并在1922年9月,将电铁部从公司独立出去,新创办了资本金350万日元的目黑蒲田电铁公司,由五岛担任专务,田园都市公司的专务竹田政智担任社长。

目黑蒲田电气铁路与田园都市公司合并

截至1921年(大正十年),田园都市公司收购了玉川、调布、碑衾、平塚、马入、池上等共计48万坪土地。1922年6月,公司将洗足的6.4万坪土地作为第一批分割出让的土地进行销售,到1927年(昭和二年)底,一共分割出让了以洗足、多摩川台为中心的近32万坪土地。土地销售情况良好,田园都市公司拿走一成的分红。

土地销量之所以好,是因为在此之前,田园都市公司在出售的土地周边配备了铁路。五岛认为:"不管怎么说,想要活用45万坪土地,仅从目黑铺设一条线路肯定不够。从蒲田、五反田、大井町、涩谷都要铺设线路,之后再增加多条类似线路的铺设。否则,好不容易建造的田园都市将无法生存下去。"这样才得以进一步推进铁路的建设。[5]

首先,目黑蒲田电铁在1923年3月开通了目黑—丸子之间的线路,同年11月开通了丸子—蒲田之间的线路,之后目

视察目黑蒲田电铁的小林一三（右起第5个人） 1923年 50岁

蒲线（目黑—蒲田之间）全线开通。武藏电铁在1924年10月改名为东京横滨电气铁路，并于1926年2月开始了丸子多摩川—神奈川之间的铁路运营。这样一来，神奈川线和目蒲线可以相互延伸，目黑—神奈川两地的直达也成为可能。紧接着，在1927年8月，涩谷—丸子多摩川间的涩谷线开通，与神奈川线一起被命名为东横线。

目黑蒲田电铁将位于藏前的东京高等工业学校（现东京工业大学）的土地与大冈山的公司所有地交换并出售，将所得资金用于购买武藏电铁的股份，进而掌握了该公司的实权。1924

年10月，目黑蒲田电铁肃清了乡诚之助等武藏电铁的董事，由田园都市公司的社长矢野恒太担任社长一职。五岛自己担任专务董事，并将武藏电铁的经营阵容全部替换成田园都市公司以及目黑蒲田电铁的工作人员，借此巩固自己的地位。

目黑蒲田电铁在1927年7月开通了大井町线（大冈山—大井町之间，大冈山—二子多摩川之间），1928年5月与田园都市公司合并。此时，田园都市公司的经营用地几乎全部卖光，基本达成了该公司最初的目标。该公司失去了继续存在的意义，土地事业逐渐被目黑蒲田电铁作为副业进行。田园都市公司的电灯、电力供给部门也改为目黑蒲田电铁的电灯部门。

合并后的目黑蒲田电铁的资本金达到1325万日元。与此同时，矢野恒太郎辞掉了社长之职，五岛庆太成为代表董事。至此，五岛成为目黑蒲田电铁经营名副其实的最高责任人。

（旧）东京横滨电铁与目黑蒲田电铁，以从东京西郊到横滨的地区为范围，在近郊电铁方面取得了较快发展。对于东京高等工业学校等学校沿线的招商、砂石业、田园运动场、纲岛温泉浴场、等等力·驹泽高尔夫球场等（译者注：等等力和驹泽均为地名。）设施配备等项目，采取了积极的措施招徕游客。1939年1月，东京横滨电铁与目黑蒲田电铁合并。

小林一三与五岛庆太

1942年（明治十七年）5月，东京横滨电铁将京浜电铁和小田急电铁合并，改为东京急行铁路，1944年5月与京王电铁合并，成为"大东急"。五岛作为"大东急"的领头人，从小林那里得到了许多启示。五岛在描述自己大半生的《70年的人生》（1953年）一书中，是这样描述小林一三的。因为文章篇幅较长，这里就直接引用了。[6]

"我能从长期的艰苦奋战中一步步走来，多亏了从小林那里得到的智慧，大致就是接受小林的教诲。他是今日太阁一样的人物，充满智慧，能立刻得出结论。找他无论商量什么，他都能立刻教授你解决之策。虽然我最近没有经常去，但在成为实业家以来的30年间，无论什么事我都去找小林商量。"

"我还有一个朋友叫筱原三千郎。他是服部金太郎的女婿，为人温和厚道，是田园都市公司的专务。该公司与目蒲合并之后又与东急合并，筱原便加入我们公司。服部金太郎是田园都市公司和佳原电气铁路最大的股东，筱原作为他的女婿自然也会参与进来。我把这位筱原看作是自己前方的护盾，小林就是身后的支柱。无论怎样的狂风暴雨，筱原都会站在最前面，任凭风吹雨打我都不会被击倒。而在我将要倒下的时候，小林就会在身后支撑着我。我在处理工作时，就是以这种方式一路过来的。即使现在，我也对筱原怀有深深的敬意，对小林也是如此。进入实业界以来，真正让我对其怀有敬意的只有我的商谈对象——筱原和小林一三二人而已。虽然也会麻烦矢野、门野重九郎等人，但是始终如一的假我以智慧，使我坚定决心的人只有小林一三。百货商场也是依靠小林的智慧，从而建造出与阪急百货商场同样的商店。那时小林认为：'想要给私铁配备作为典范的最佳设施，就必须要服务于铁路沿线的居民，没有什么比百货商场更适合了。'我做电影的时候没有和小林商量，不过这还是在模仿小林。虽然最近好不容易喘了口气，但是和小林一样，我也遇到了瓶颈。通过这件事，我也大概明白了从事现金收入的行业需要以大众为目标，并要将这一点作为生意准则，以有产阶级为目标的生意是很难做下去的。以大众为服务对象的现金行业是指铁路、电影，或者是百货商场之类的项目。而这些全部都是小林的智慧。"

筱原三千郎是服部钟表店的创始人服部金太郎的女婿，担任田园都市公司的专务董事。与五岛两人是东京帝国大学时代的同期同学，他在目黑蒲田电铁、东京横滨电铁担任常务董事一职时，经常帮助专务董事五岛，并在五岛成为社长后担任专务董事一职。五岛可以说是在筱原和小林的帮助下创建大东急的。他有一个"强盗庆太"的绰号，是因为他一手买下池上电铁、玉川电铁、京浜电铁、湘南电铁、东京地铁等的全部股票，夺走了它们的经营权。

话说回来，关于三越百货商场，小林和五岛之间还有一段有趣的逸事。在1938—1939年间，五岛从历任了三越百货商场董事的实业家前山久吉那里，继承了该百货商场的10万股股票。五岛为了扩大东横百货商场的规模，开始策划与三越百货商场合并一事。

三越百货商场的股票总数是60万股，而五岛持有的股票数量仅仅只有六分之一。根据当时的商法，如果拥有十分之一以上的股份，就有权利召开股东大会，凭借这些股票，还有可能跻身到大董事行列。

三越百货商场原本就是三井的事业。对于三井银行来说，如果三越百货商场被五岛夺走，事情就会很棘手，他们便动员池田成彬和小林一三，让他们去劝阻五岛想要买下三越百货商场全部股份的行为。据五岛所说，当时小林对他说道："停手吧，在涩谷那种乡下建这样大规模的百货商场，比蛇吞象的可能性还小。"五岛回敬道："我在铁路方面不输给你，不过在电影或者百货商场方面的话，还是听你的吧。"

在小林的劝说下让步的五岛，将5万股股份让渡给了三越的子公司二幸，剩下的5万股则交由东横电铁和小林一三的阪急电铁共同持有。1939年3月，小林成为三越百货商场的董事。过去在三井银行时，小林曾有意向被聘为三越百货商场的二把手，不过最后没有成功。而在30年后，小林担任了三越百货商场的董事一职。[7]

五岛在回顾第二次世界大战后自己的事业时曾讲过，他在"模仿小林"：首先铺设铁路，接着扩展到沿线的土地、住宅地，甚至是位于终点站的百货商场，延伸到娱乐文化设施等关联事业。[8]五岛完全仿照了小林的商业模式。

五岛从小林那里不仅学习了商业模式，还学习了他引领事业走向成功的秘诀。总结出以下五点：第一，只有面向大众的事业才会成功。第二，树立事业目标时要着眼到未来一年，而不是以未来10年、20年为目标去制订计划，之后只需根据那时的情况扩张事业即可。第三，即使铺设了电铁，如果仅限于此，沿线也不会得到发展，如果不规划整理，人为促进乘客数量增加的话，沿线也不会有发展。第四，必须让铁路经营达到能让铁路沿线的居民感到自豪的程度。第五，人类总是不得不围绕着债主转，在经营的时候，即使可以从银行那里借钱，有一定的存款也是很重要的。此外五岛还在书画古董、茶道兴趣方面接受了小林的入门辅导，多少也懂了些皮毛。[9]

就这样，以电铁经营为中心，在铁路沿线展开土地和房屋的分割出让、位于终点站的百货商场、游乐园、娱乐产业等面向大众的事业，这种小林式的经营被大东急的统帅——五岛庆太完美继承下来。不过，将大学诸如东京工业大学、庆应义塾大学、青山师范（现东京学艺大学）、东京都立大学（现首都大学东京）等招引到铁路沿线这一提案不是来自小林，而是五岛自己的想法。

注释：

1 东急不动产股份公司总务部社史编撰团队编 [1973]，《建街50年》（东急不动产）3—5页。而且，以下的叙述也参考了本书。
2 小林一三《我的生活信条》（全集）第3卷532页
3 小林一三·中野友札·五岛庆太 [1951]，《工作的世界》（春秋社）9—10页。
4 五岛庆太 [1953]，《70年的人生》（要书房）28—29页。
5 前述《工作的世界》7页。
6 前述《70年的人生》39—41页。
7 以上关于小林和五岛围绕五岛购买三越股份的对答，都是参考前述《工作的世界》10—13页。
8 前述《工作的世界》10页。
9 五岛庆太 [1958]，《活用事业之人》（有纪书房）189—190页。
10 同前述44—46页。

Ⅶ 东京电灯的经营重建与国家管理电力

就任东京电灯的社长

小林一三就任阪急电铁的社长是在1927年（昭和二年）3月，当时他54岁。同年7月，小林又被聘请为东京电灯的董事长，并在翌年3月成为副社长，1933年11月成为社长。那几年正好是昭和初期的经济危机时期，围绕1927年3月的关东大地震法案，以财务大臣片冈直辉在议会上的失言为开端，各地银行先后发生了挤兑事件，以渡边银行为首的9家银行纷纷停业。翌年4月，背负着一笔铃木商店的巨额不良债权的台湾银行宣布破产，近江银行（大阪）、十五银行（东京）等有势力的银行也都被迫停业。

将小林聘请到东京电灯的是三井银行的池田成彬。当时，东京电灯的社长是甲州财阀若尾璋八。由于若尾的散漫经营，公司陷入了经营危机。因此，池田聘请了乡诚之助为会长，小林和大桥新太郎为董事。乡诚之助长年担任东京证券交易所的理事长,众所周知是一位如"财界斡旋人"一样的实业家。三井银行为东京电灯提供了巨额融资,因此无论如何都想要重振该公司。大桥除了经营家业博文馆之外,还曾经担任过东京瓦斯专务董事和王子制纸董事。

小林和若尾都出生于甲州(山梨县),小林父亲的老家丹泽家与若尾家交情匪浅。自从甲午战争后的1898年(明治三十一年)12月佐竹作太郎就任东京电灯的社长以来,担任社长的便是神户举一、若尾璋八以及山梨县人,该公司也被看作甲州系的事业。因此,围绕小林就任东京电灯董事一事,有了这样的说法:"昭和元年,小林在东京电灯社长若尾璋八的恳求下,就任东店副社长一职。"[1] 不过,当时掌握东京电灯人事权的是三井银行的池田成彬,成功说服小林的也是池田。池田后来讲述道:"东京电灯公司的借款不但没有减少,反而还在增加。而这一切难道不是若尾先生造成的吗?我就想要把小林君从宝塚拉拢过来。"[2] 从这也能看出池田对小林抱有很大的期望。在推动东京电灯的内部改革方面,小林可以说是最佳人选。

刚成为阪急电铁社长的小林,拒绝就任东京电灯的董事一职,但是在池田的再三劝说下,他终于在1927年7月同意就任董事。小林后来考虑到:"20年来,由我亲手拉扯大的阪急电铁不再是一家非我不可的公司了。"既然如此,"不如前往东京,让他们见识见识大阪财界的本事,这样感觉也不错"。[3] 就这样,小林把阪急电铁的经营交给专务董事上田宁,开始了往返于东京和大阪的生活。

1934年1月,小林成为阪急电铁的董事会会长。自小林辞去社长担任会长后,专务上田宁便升任副社长,不久后成为社长。1936年10月,小林辞去阪急电铁会长一职,由佐藤博夫担任社长。小林辞掉了在阪急电铁的所有职务,全身心投入到东京电铁的经营。在佐藤之后,阪急电铁的社长先后由太田垣士郎、和田熏继任,但出现重要的经营问题时,现任社长还是会去找小林商量。

1930年6月,若尾被迫辞去东京电灯的社长一职,乡诚之助便兼任了会长和社长,成立了乡·小林体制。在此之后的1933年11月25日,小林成为社长,乡诚之助则退居会长。

当时,东京电灯的资本高达31572.4万日元,如果除去南满洲铁路,就是资金量最大的公司,从业人员也有一万多人,而其他四大电力公司的资本分别为:大同电力12170万日元,东邦电力12550万日元,日本电力6570万日元,宇治川电力5970万日元,东京电灯的资本金额在五大电力中可以说是最拔尖的,远远超过其他四家。小林就这样成为"日本第一大公司"东京电灯的社长。

不过，就在小林刚刚成为东京电灯的社长之时，关于他是否会从阪急电铁辞职的流言就传开了。对此，小林明确否认了并回应道："东电是日本第一的大公司，而阪急电铁规模虽小，却也是日本第一的铁路模范。我对二者的自豪感有着云泥之别。（此处省略）阪急电铁从创立到现在，都由我亲手经营，坚决执行将其发扬光大的计划，丝毫没有理由让我抛下现在的责任和地位去东京。"虽说东电是"日本第一的大公司"，但对小林来说，阪急电铁才是"我的公司""规模虽小却也是日本第一的模范电铁"。将"从创立到现在亲手经营"的阪急电铁这座"宝山"弃之不顾，反而出征东京，小林并不是会这么做的傻瓜。[4]

但是，小林参与东京电灯的经营时，其经营状况正在显著恶化。如表1-7所示，公司债券、借款都呈现增加的趋势，自1930年上半年以来，利润率持续降低。缴付资本金利润率以1930年上半年的10%为限，变成了7.5%，之后也在逐渐降低。固定资产利润率的走势几乎一样，1930年上半年是4.1%，之后逐渐降低。分红利率也从1930年上半年前期的8%下降到5%，在1930年下半年则降到了4%，1931年下半年更是下降到了3%。

表 1-7 东京电灯的经营状况 （单位：千日元）

半年	缴付资本金	固定资产	公司债券	借款	公积金	利润额	缴付资本金利润率	固定资产利润率	红利利率
1927年下期	345699	566330	163591	80304	20930	19527	11.3	6.9	8.0
1928年上期	407149	706299	216541	109535	21882	20751	11.0	6.5	8.0
1928年下期	407149	717911	364604	2625	22777	21210	10.4	6.0	8.0
1929年上期	407149	728775	359863	8020	23789	21174	10.4	5.9	8.0
1929年下期	407149	741814	359863	8201	24765	21209	10.4	5.8	8.0
1930年上期	407149	749958	355033	27660	25775	15283	7.5	4.1	5.0
1930年下期	407149	750827	355033	37599	26576	13151	6.5	3.5	4.0
1931年上期	429562	799312	394337	40930	28365	13460	6.4	3.5	4.0
1931年下期	429562	796392	394137	43943	29111	13369	6.2	3.4	3.0
1932年上期	429562	793908	386808	44985	29683	13401	6.2	3.4	3.0
1932年下期	429562	786711	386441	41948	30285	11125	5.2	2.8	2.0
1933年上期	429562	779598	377158	47212	30802	12703	6.0	3.2	—
1933年下期	429562	774314	375958	39364	31152	10701	5.0	2.8	—
1934年上期	429562	768074	369434	38102	31152	13481	6.2	6.2	—
1934年下期	429562	765983	384233	22487	31152	19183	9.0	9.0	4.0
1935年上期	429562	765308	380396	22182	33815	24538	11.4	6.4	6.0
1935年下期	429562	769184	379236	15750	36660	23622	11.0	6.2	7.0
1936年上期	429562	769838	372993	15750	39634	29622	13.8	7.6	8.0

［注］东京电灯股份公司[1936],《东京电灯股份公司开业50年史》（同社）以及东京电灯《报告》各期。
［注］利润额包括董事奖金、社员退休金、外债偿还亏损差额准备金。

131

进行公司内部改革

小林立刻着手公司内部的改革，首先就是抵制"浪费"，尤其是要求职员们"消除商品浪费"，呼吁"在总部及其他各店，都要减少不必要的灯光，特别是在白天或者类似的情况下，都要尽量把灯关掉"。[5]

接着，小林开始肃正纲纪，着手改善公司整体的服务态度。在1931年7月召开的第7次分店长会议上，会长兼社长乡诚之助提出将肃正纲纪和改善服务态度作为东京电灯当前的课题。他认为："我们在以前就经常提到这个问题，不过现在才正式提出来，它是公司的根本，具有正面意义，没有公司能在纲纪紊乱的情况下实现繁荣。我们无论做什么事都要先于他人，所以现在要重新调整一下。如今在各个方面依旧有很多扰乱纲纪的事，实在是令人失望透顶。（此处省略）对此，我想还有其他解决办法，但现在的公司只是稍做处理，流于形式，犹豫不决。只要后来赔偿损失就不再追究挪用公款的行为，这种趋势是不对的。自古以来，罪责就是罪责，赔偿就是赔偿，没有只要赔偿了，罪责就无关紧要的说法。"强调了肃正纲纪的必要性。关于改善服务态度，经常可以听到这样的说法："总之，东电就是衙门式作风，官僚式摆谱，让人很头疼"，"像东电这类垄断事业很容易陷入这种弊端"。乡诚之助曾说过,"全体职员都要以售货员的态度来做好自己的本职工作,重视顾客,亲切接待顾客的同时,要牢记像我们这种从事公共事业的,必须要像忠实的公仆一样对待自己的事业,认真完成各自负责的业务。"[6]

公司员工道德低下和官僚式的服务态度不能全归咎于若尾一人,但隶属于立宪政友会的若尾,把政治看得比经营更重要,所以他没能解决这些问题也是事实。当时,东京电灯面临着许多问题,而解决这些问题的人正是小林。对于有不正当行为的公司员工,小林会给予严厉的惩罚,甚至会毫不留情地解雇他。若想解决东京电灯颓废的风气问题,最高管理部门的领导要向员工展示自己严正的生活态度,与此同时,需要对有不正当行为的员工施以看上去冷酷无情的处理,这些都是很有必要的。[7]

小林认为不管是在征收使用费的过程中产生的"挪用"问题,还是没有"重视顾客,亲切接待顾客"的服务问题,都不仅仅是道德问题,而是关系到经营的大问题。小林希望沿袭东京电灯的经营战略,也就是沿着推动"营业革新"这个方向来解决这些问题。换言之,小林想要开发一种新的事务系统,即提高收费事务效率与明确责任归属的系统。与此同时,通过售卖以开发需求为目标的电气器具，培养"生意人精神"，并强调向营业本位、服务本位的经营模式转变。

但是，小林对公司内部的改革也并非一帆风顺，他与若尾的关系相处得很不好，小林自己也这么讲过："业绩每况愈下是因为受到了与若尾君事事不和的影响。"[8]东京电灯与东京电力合并之后，松永安左卫门持有的股票数量剧增，在1929年下半年成为持有508396股的首席股东。这么一来，若尾璋八的股东势力就有所下降。将所谓的甲州系股东持有的股份包含在内共80万股，若尾仅持有不到总股份数量的一成。

解决剩余电力

小林一三着手的另一课题是解决剩余电力。东京电灯的剩余电力变化如图1-6所示，在昭和经济危机下的1931年（昭和六年）达到了顶峰。1929年为每小时910685千瓦的剩余电力，在1930年达到每小时1331467千瓦，在1931年显著增长至每小时1436654千瓦。副社长小林一三把出现剩余电力的原因总结为以下4点：①预计每年需要增加6万—7万千瓦的电力，便建设发电设备，推广购电合约。不过由于经济不景气，用电需求减少。②与东京电力合并导致所拥有的电力总量增加。③由于日本电力进军东京，客户被抢走。④由于铁道部开始运营火力发电所,丢失了5万—6万千瓦的电力需求。小林分析道:"这些相比,我认为受经济不景气的影响是最大的。"[9]

图1-6 东京电灯的水力剩余电力量(单位:千瓦/小时)

[注]东京电力股份公司[2002],《关东的电气事业与东京电力》(同社)439页。

小林在掌握了剩余电力问题的具体情况后,便将革新公司员工的营业意识与解决剩余电力问题看作一个整体,使"生意人精神"这种思考方式扎根员工心中。与此同时,还考虑在不增加资金的前提下,利用既存的配电设备谋求增收,具体是指增加电灯烛火,特别是奖励电气用具的销售员,将"生意人精神"植入每位员工的心里。在东京电灯的《社报》(开业50

年纪念号，1936年10月）上，登载了一篇来自公司员工的文章，内容如下。[10]

最近几年，我们东电营业成绩显著提高，不断向前发展。虽说一方面是因为市场需求增加，但另一方面是因为站在营业第一线的诸位公司职员以及从业人员，深刻领会到了小林社长的营业方针，不断努力，积极开展活动，所以取得了现在的成绩。我想诸位老员工应该不需要我在这里唠唠叨叨，大家都很清楚，关于对待客户的服务方法、说话方法、推销器具的方法等，在七八年前就已经是现在这样子了。电灯泡、收音机、电热器等其他器具的推销都是由公司职员亲自出马，有去街头夜市的，有拉着专用的宣传车在马路上跑的，还有把客户本位作为座右铭的。总之，为了给顾客提供一百分的服务，他们可谓绞尽脑汁，脑子里除了梦想就没有其他东西了。

小林提倡的"生意人精神"在短期内就渗透到了公司内部，从根本上不断地颠覆东京电灯的企业文化。

1931年12月，小林构筑了东京市内17所营业所体制，推进了电力需求的开发。1928年3月，东京电灯将东京市内的营业区域规整为中部、东部、南部、西部4个营业体制。可能是由于每一个营业所对应的客户数量过大，服务还是维持原样，据说"无论怎么努力拜托东电，给他们的总部打多少个电话，等到终于开始工作的时候，一般都过去一个月了"。[11]目前为止，东京电灯办事处或事务所的所有指示几乎都来自总部。这就意味着"办事处或事务所的接待处就是总部接待处的延伸"，无论是工程事务还是费用事务，都必须一一听从总部的指示。[12]

因此，小林把每一个营业所服务的客户数量定为5万户（30万盏电灯左右）上下，将目前为止的4个营业所重新编入东京市内17所营业所体制。因此，办事处变成了营业所，并设置了新的连接总部的联络事务所。在接待客户方面，日常决策的权限从公司总部下移到各营业所，接待客户的业务直接由营业所负责。营业所设置了经理科、营业科、工程科三科。为了推动业务的迅速落实，三个科室相互之间的联络都独立进行，在营业所所长的统一指挥下大大提高了工作效率。政府机关或大客户则交由联络营业所负责接待。

接着，小林在1934年的第12次分店长会议上，将"希望你们将办事处、事务所领导成为营业出色、服务优良的机构"的指示下达给全国所有分店长。也就是说，对外要把顾客服务做到极致，对内要谋求办事高效和事务公开透明。把顾客服务做到极致是"非常实用的一种方法"，与所谓的"发扬生意人精神"相通。办事高效指要构筑一个超越业务分担的协作体制；

事务的公开透明是指消除金钱违规行为，这对预防公司职员的不正当行为来说是很有必要的。[13]

电力外债问题与财务战略

20世纪20年代，由于东京电灯的外国债券导致筹集资金活跃化，所以在1931年（昭和六年）12月，政府禁止黄金再度出口。这么一来，日元的汇率暴跌，外国债券的支付利息一举提高。东京电灯在1932年11月向政府申请买进外国债券，1936年上半年年末的外国债券买回持有额分别是：美国的外国债券1098.8万美元，英国的外国债券19.41万英镑，信越美国的外国债券84.2万美元。

根据外国债券信托契约的偿债基金条款，一旦开始进行外国债券的偿还，就会产生5544万日元的亏损差额。1935年上半年，东京电灯为了填补偿还外国债券时产生的亏损差额，在1935年上半年设置了一个外国债券偿还亏损差额准备金账目，一直到外国债券偿还期满的1953年下半年为止，在这38年间，每年记入150万日元的准备金，并决定在公司内部保留此账目。

东京电灯在1928年6月发行外国债券时，在与承诺者缔结的信托契约书中，有一个关于固定资产折旧的特约条款，即每半年增加金币750万日元（其中包括法定准备金和维持费），列入金币日元的支出里，支出部分相当于纯增加财产里的一分五厘。但在禁止黄金出口后，由于日元汇率暴跌，用这个方法计算折旧金会出现一大笔差额，在外国债券偿还期满前，就可以把全部债务还清。不仅如此，由于美国也脱离了金本位制，黄金条款应该对应哪个对外汇率变得含糊不清，出现了各种各样的解释。在这种情况下，小林对这个问题作了如下说明。[14]

世界上有好多人认为，应该在信托契约上规定，必须以金元来偿还资产，这里的金元指的是没有禁止黄金出口时期的日元。不过，契约书上并没有这么写，只写了每年必须有750万日元以上的资产偿还，而这充其量只是要用金元偿还。因此，便有人持这样的说法：与现在维持金本位的国家的货币法郎相比，更应该积攒行市的日元。

也就是说，这里涉及一个完全不同的问题，即关于增加财产的评价。在两个当事国的货币都脱离了金本位的情况下，为了保护金本位，需要通过第三国的货币价值进行评价。目前也正在议论写有的这一部分内容是否可以适用于日本。不过，最终也只是议论而已。显然，无论是积攒金元还是美元，都没有任何明文规定，都是通过一点点的解释推测，随便议论而已。所以，如果只是一味地遵循"750万日元以上"这个条款，那么只要积攒日元就可以了。

小林从以上角度出发，开始与外国债券的承诺公司三井银行、嘉拉缇·托拉斯公司（纽约）、拉萨德·布鲁萨思商会（伦敦）等进行交涉。根据 1933 年下半年的结算，在不列入利润率的前提下，扣除各项亏损金额后，把剩下的所有资金都用来偿还了债务。小林表示他不打算用金元换算的 750 万日元清偿。1934 年 11 月中旬，从嘉拉缇·托拉斯公司、拉萨德·布鲁萨思商会那里得到了这样的回答："根据外国债券的信托条款，不要求固定资产的偿还金（相当于半年 750 万日元以及增加财产的 15% 的金额）一定要用金元来偿还。在考虑到物价飞涨的情况后，用纸币偿还也可以。"[15] 不过，根据 1934 年下半年的结算，东京电灯保留了 755 万纸币日元作为固定资产折旧。《东洋经济新报》曾发表文章说："不管怎么说，对手是嘉拉缇·托拉斯（纽约）、三井银行，所以如果当局者得不到金融资本家的信任，就不可能去处理金元偿还等问题。"他们对小林给予了高度评价。[16]

另一方面，东京电灯以低利息转借国内证券，整理购入电力，降低费用，整顿冗余人员以及消减人事开支等。在小林的领导下，东电进行了经营的重建整顿。由于公司债券和借款限制了外部筹资，所以要通过整顿内部来进行财务再生。

昭和肥料与日本轻金属

小林一三通过涉足电力业，开始进军昭和肥料与日本轻金属这样的制造业。对于将电铁业、百货商场、休闲娱乐等都市型第三产业作为主要事业的小林来说，这样的尝试颇具特色，也不失为解决剩余电力问题的一种手段。

1928年（昭和三年）10月，小林与铃木忠治、森矗昶一起创办了昭和肥料股份公司，就任监察人一职。考虑到化学肥料工业是电力消耗比较多的产业，创办这家肥料公司，对东京电灯的剩余电力问题来说是最有效的解决方法。

在高濑河道、千曲河道、阿贺野河道有一个合计8万千瓦的发电所，还有一个叫作东信电气股份公司的电力批发公司。东信电气股份公司由味之素的铃木三郎助、铃木忠治、森矗昶等人共同出资创办，是一家把电力集中出售给零售公司的公司，由零售公司将电灯、电力出售给供给区域内的需求方。东信电气将所有的发电电力都出售给东京电灯，而东京电灯的子公司东电证券所是东信电气最大的股东。

昭和肥料的资本金是1000万日元，由东京电灯、东信电气，以及铃木三郎助、森矗昶等人投资。昭和肥料在新潟县的鹿濑建了氢氧化钙工厂，在神奈川县的川崎建设了硫酸铵工厂。鹿濑和川崎分别从1929年9月和1931年2月开始进行机械作业。[17] 之后，昭和肥料的资本金在1931年7月达到1500万日元，在1933年10月达到3000万日元，在1939年与日本电工合并成为昭和电工。虽说昭和肥料只是为了解决东京电灯的剩余电力而创办的公司，但它也在日本的化学肥料工业的发展史上留下了光辉业绩。

从1935年9月至1936年4月，小林一直在欧美旅行。1935年12月，他还访问了苏联的第聂伯河工业地带。在这里，第聂伯河的大发电所可以产生55万吨的电力，制造1万吨的铝。铝工业是大量消耗电力的产业，生产1吨的铝，至少需要3万千瓦的电力，小林也在考虑，这一产业是否也对解决东京电灯的剩余电力有帮助。

东京电灯虽拥有位于富士山麓的原野上的"富士河电力和大井河之电力"，但这些都是浪费资金、废弃量巨大、"品质最差的电力源"。小林认为，想要活用它们，就必须采取与第聂伯河一样的做法，建设一个大发电所，在富士河、蒲原附近形成一个工业地带，于是他收购了这片土地。1937年7月日本侵华战争爆发后，小林与大仓、古河两位财阀一起，在1939年创办了日本轻金属股份公司，开始了铝的生产制造，小林担任第一代社长。日本轻金属在静冈县和新潟县都有工厂，第二次世界大战期间生产了高达5万吨的铝。[18]

从自由竞争到电力统一控制与国家管理

20世纪30年代是以五大电力为中心且竞争激化的年代。东京电灯与东京电力之间不计后果的竞争在两家公司合并时一并结束,但开始苦恼于与日本电力的竞争。通信大臣小泉又次郎没有接受东京电灯的请愿,而是决定将日本电力迁入东京。换言之,也就是向日本电力批准了新的电力供给区域。

小林一三为了从这种竞争的不良影响中脱离出来,主张进行电力的统一控制。为了打破垄断,小林采取了促进各电力公司共同竞争的政策,但是结果仍旧只能是合并,或者是通过协定来维持关系。举例来说,东京市电气局、日本电灯以及东京电灯之间展开了激烈的竞争,三方根据所谓的三电协定达成了妥协,日本电灯便与东京电灯合并。东京电力迁入东京后,与东京电灯展开了激烈竞争,但是在1928年(昭和三年)4月也与东京电灯合并。

在小林看来,自由竞争表面上会使电力费用逐渐降低,对需求方有利,但实际上伴随着两重三重的投资、合并,建设资金随之增加,只会提高电灯和电力的成本,难以逐渐降低费用。换言之,不被需求的供给的增加,反而会让成本提高。举例来说,在只需要1万千瓦的电力的情况下却提供了2万千瓦的电力,由于2万千瓦电力的建设费都由1万千瓦的需求方来负担,电力费用自然会随之增加。

关于电灯和电力事业,小林追求的是在营业本位的前提下,为顾客提供更好的服务,同时降低使用成本。因此:①预测需求,为必要的电力供给设备提供最经济节约的建设方案。②降低成本,避免出现剩余电力。③在输电线路连接上取得切实成果,实现线路的互通。④舍弃各公司分别建设预备火力发电所这种不经济的做法,转而制定统一建设火力发电所的计划,以谋求统一控制电力,这些都是关键的措施。最重要的是:并非通过公营化或者国营化来完成电力统管,而是通过各个利害关系人之间的协定来完成。[19]小林的电力统制论大概就是以上这些内容。

1935年9月,小林踏上了欧美视察之旅。回到日本后,他考虑辞掉阪急电铁与东京电灯等相关公司的董事一职,从财界抽身而退。即使从东京电灯辞职,小林也可以得到一笔可观的收入,所以不用担心吃住问题。他希望建造一个"雅俗山庄",在那里过上诗意的生活。

但由于出现了电力统管问题,小林没能从东京电灯辞职。电力统管问题从20世纪20年代中叶起,便逐渐向社会问题转变,1933年实行了电气委员会和电力联盟的共同统管,问题被认为暂且告一段落。但在1936年3月，出现了以电力国营化为目标的内阁调查局计划，展开了一场关于电力国家管理的争论。广田弘毅内阁的通信大臣赖母木桂吉，以实现民有国营化为目标，策划制定了"电力国家管理纲要"，即电气事业仍旧归人民私有，但是由国家管理运营。小林认为这个举措无异于是国家无偿收走私营的电力设备，由政府掌握电气事业运营的实权，他对此进行了强烈的批判。

军事当局支持了赖母木的私有国营方案。关于电力的私有国营方案，广田内阁在1937年1月发表了四项法案和一项电气事业修改法案，但由于内阁瓦解，这些方案没有被提交到议会。继任的林铣十郎内阁也发表声明，宣布将暂缓把电力方案提到议程。由此可见，电力国家管理这一问题可能会消失。

但在1937年6月，近卫文麿内阁刚一成立，电力问题便再度复燃。该内阁的通信大臣永井柳太郎重新主张电力私有国营方案。1937年10月，永井为了完成电力国营方案，设置了"临时电力调查会"，由他本人担任会长。该会的委员打着"官民合作"的名号，邀请日本电力社长池尾芳藏、宇治川电气社长林安繁、东邦电力社长松永安左卫门、大同电力社长增田次郎、东京电灯社长小林一三作为电气事业家的代表加入。

在电力调查委员会上，关于电力统管与国家管理问题，永井通信大臣并没有被国有国营、私有国营、私有私营这种说法束缚，而是认为"要真正做到以国家的要求为基础，不管实行怎样程度的统管，都需要实现统管的目的，并采取这种形式；不管采用怎样的企业形态，都应充分发挥个人的创意，将其运用在更广阔的范围，实事求是地研究这些问题，然后想办法解决问题"。小林一三原本对永井的发言抱有很大的期待，但等到政府草案出炉时，发现它和提倡私有国营的赖母木方案没有任何区别。在小林看来，这正是"资本主义革新的前奏"。[20]

1937年10月22日，临时电力调查会在通信省内举行了第二次会议。小林、池尾、林、松永、增田这五大电力社长在会议上提出两点建议：①国家正处于非常时期，没有必要变更企业形态，反而应该扩充、调整作为发动军需物资主要原料的电力。②应该将日满支水火电力的综合性开发调整作为日本新电力统管的大方针，并以这两项为要点提出了"电力统管试行方案"，以此表达他们反对国家管理电力的态度。

11月19日，临时电力调查会召开了最终会议。由于永井通信大臣与35名委员表明对国家管理电力的赞成，政府参考了在该调查会上委员们的发言，制定了草案，计划在下次议会上提出方案。在永井看来，不能再放任民间自发、任意地统管电力业，他"期待在国家的管理下，实现发电、送电、配电合理化、经济化的目标，我们应该为达成这个国家的共同使命而努力"。[21]但是，赞成国家管理电力的35名委员的大多数都是政府人员，五大电力公司的社长便联名反对这项政府草案。

小林对政府当局的主张所持的批判态度如下：政府当局认为：①通过国家管理，电气的供给可以更加丰富、低廉。②采取极权主义的做法，由国家统一管理河川的使用以及输电线的建设，可以让电力费用相比个别公司经营之下更为便宜，所以主张电力国营。而小林则认为：①私营也有可能做到丰富低廉的电力供给。②通过发送电设备的统合连接，促进设备利用的合理化，这一点只要活用现行的电气事业法就能做到，所以没有必要全部交由国家管理。并且电力统管明明只需活用电气事业法即可，却至今为止没有得到落实，造成这种局面的与其说是私营事业家，不如说是通信当局自身的问题。[22]

尽管小林发表了自己的主张，但是关于国家管理电力的"电力管理法案""日本发送电股份公司法案"等最终还是在1938年1月被提交到众议院，在同年3月26日得到了贵众两院的一致通过，并在同年4月正式公布。以五大电力为首的私营电气事业家，可以选择将其电气设备提供给日本发送电公司以及9个配电公司，并且为这些公司提供资金，或者被这些公司强制收购或任意收购。东京电灯也分别在1939年4月1日、

1941年10月1日、1942年4月1日三次为这些公司提供资金。

如何解决电力不足的问题

自国家管理电力法案成立后几个月不到的时间里，日本就陷入了严重的电力不足问题。在小林看来，这种情况实在是"过于讽刺"，在应该排除万难，着手扩充生产力以及增进输出之时，陷入了电力不足危机，对产业人的影响自不用说，国民的消费生活也受到了威胁。小林并不反对国家管理的精神本身，但是在中日战争进行到白热化期间实行国家管理这样的大改革，实在是过于轻率鲁莽。

电力不足的原因列举出了如下三条：①电力需求激增；②缺水；③煤炭配给不足。但在小林的分析看来，电力需求激增并不是现在才出现的问题，缺水的程度也没有严重到引起骚乱。问题就在于，提供火力使用的煤炭数量不充足。如果全部发送电的火力发电所能够正常运转，就不会产生电力不足的问题。因此，小林想到的解决方向就是改善煤炭的配给统管，优先配送煤炭给发电所才是最重要的。

小林在电力问题上发生过一件趣事。从1926年（大正十五年）8月4日到19日的16天内，小林作为以平生钊太郎为中心的扶轮社（译者注：以服务社会为主旨的国际性组织）的台湾视察团的一员,到殖民地台湾旅行。虽然这一旅行是他受到扶轮社伙伴的邀请便立即决定的,但他为之做了相应的准备,并在心中暗暗萌发了一个想法——在外地开展新的事业。[23]

话分两头,当时的台湾也正苦于电力紧缺。[24]旅行期间的8月11日,在总督府举办的茶话会上,小林为解决台湾的电力紧缺问题提出了一个方案,即放弃重启资金无望的水力发电所的工程,转而在台北和高雄建设可以生产1.5万—2万千瓦电力且成本低廉的大容量火力发电所。但令人遗憾的是,小林的方案并没有被采纳,台湾方面还是继续推进日月潭水力发电所的建设工程,仅修建了一座应付一时之需的2000—5000千瓦规模的火力发电所。在20世纪20年代的殖民地台湾,小林为尽快解决其电力不足问题还提供了建议方案。

回归正题。有趣的是,小林在这里反对的并不是国家管理本身,而是主张改善国家管理在机构和运营上的缺陷,在发电送电上必须发挥其功能和作用。除此之外,小林还主张在"水主火从"的方针下活用未开发的水力,为了避免仅仅因为缺水就难以应付的情况,应事先制订一个全面周到的水力发电所的建设计划,这一点尤为重要。虽然小林强烈反对国家管理电力,但在实现国家管理后,每逢出现电力不足的问题时,小林还是会像上述那样,实事求是地为国家管埋建言献策。[25]

149

即便如此,小林强烈反对国家管理电力这一点是毋庸置疑的。从 1940 年 2 月 20 日到 28 日,在《日本本土工业新闻》上,他连续 9 天发表了"如何顺利解决电力问题"的意见书,在这里列举如下几条意见:①深化电力行政机构改革;②修改电力关系法则;③改善难以获取煤炭的情况;④改善电源建设工程延迟的现状;⑤主张电力开发的重点主义等。不过,他认为再次检讨国家管理的问题才是迫切需要面对的课题。换言之,为了解决电力不足的问题,对于国家管理应该要扩大到送电事业的说法,小林反驳说:"即便送电事业发展到了如今的地步,只要修改现行的电气事业法并运用下去,还是可以充分实现统管目标的。由于送电事业是经常与大众接触的日常工作,比起由政府直接经营,委托给私人经营反而会增加更多的效益。"他主张将再次检讨国家管理的问题作为迫切需要解决的课题。[26]

小林一三的电气事业经营论

那么,对电力交由国家管理表示强烈批判的小林,其电气事业经营论到底是什么呢?到目前为止,他虽未曾回顾过,但关于电气事业,小林写了很多的评论。例如,1935 年 5 月,小林在经济俱乐部进行了以"电力事业经营的改革"为题目的演讲，后来将其改名为"本应到来的电力事业经营"，并收录到《日后之事》这本自著里。[27]

在高桥的财政政策下，军用物资市场景气，电气事业的经营环境也开始好转。但是，各个方面纷纷提出了这样的请求，即为了让重工业得到发展，必须进一步降低电力费用。在小林看来，想要压低电力费用，大概有以下3个方法。

第一，筹建费用低廉的发电所，中和原有的高价发电所的费用，从而降低电力费用。第二，限制分红，增加企业保留金，实行降低成本的方法。第三，根据公司间的合同约定进行整理和统管，以此为基础，谋求经费的节约。

纵观日本电力业的实况，会发现其建设费用极高。根据1934年年末统计的发电量：水力约315.9万千瓦，火力约145.5万千瓦，共计461.4万千瓦。东京电灯、日本电力、东邦电力、宇治川电气、大同电力这五大电力公司的建设费用为平均每千瓦383日元。但如果把这与国外的电力费用相比，日本的使用费并不算特别高。只有瑞士没有像日本那样采用定额制，这是因为瑞士的电费体系与日本不同。

小林认为，国家既然需要降低电力费用，作为事业当局的责任，不能就这样将其放任不管。小林调查了苏联的第聂伯河电力开发计划，发现他们为了保护电力工业，限制了普通家庭的电力使用，而这个方法就如他山之石，有值得参考的价值。

表 1-8 电化工业制品的进口（1934 年度）

品种	重量（吨）	金额（日元）
硫酸铵	160901	3806538
氢氧化钠	9928	1525811
氯化钾	45863	5790445
铝	10177	12576368
锌	33208	9458091
铜	51368	28389216
合金钢材	9000	7672001
合计	-	79218550

[出处]小林一三《日后之事》（全集）7卷81页。

[注]"合金钢材"为"锰""硅""钨""钼""铬"。

如表1-8所示，在1934年，日本共进口了价值8000万日元的硫酸铵、氢氧化钠、氯化钾、铝、锌、铜、合金钢材等电化工业制品。在日本，如果可以将16.2万千瓦的电力以每千瓦5厘以下的价格出售的话，就可以杜绝这8000万日元的进口。也就是说，在小林看来，为了防止进口，需要供给廉价的电力。比如静冈县大井河水系的21.6万千瓦的电力就可以按6厘8分左右的价格出售。在国家的非常时期，不止静冈县，全国都必须这样进行电力开发。对于电力，小林有如下认知：[28]

我先说说我的看法。即使在电力事业的范畴中，水力事业也是像国家的百年大计一样，始终拥有这样的特性。对于水力事业，我们不能总是只考虑它的建设费所对应的利润，然后再将其作为一项事业进行发展，我们更应该像对待道路或者港湾一样，把它作为国家产业基础工程中不可欠缺的设备建设，这样的时代不是正在到来了吗？建造丁度、神户港或者横滨港时，即使不能立即看到这个港口的收益率也没关系，因为它们最终会成为让国家强大的利器……而将水力电气看作港口一样的时代，难道不是正在来临吗？

因此，电力是非常重要的，特别是水力发电，它是促进产业发展的社会资本。以前文提到的静冈县大井河水系的开发为例，提供6厘8分的电力后，如果兴起各种工业，就可以全部抵掉8000万日元的进口，产生500万的国税、地方税。对此，静冈县可以在25年内将5分4厘的县债全部还清，而且还能获得巨额的税金，实现当地的繁荣昌盛。

这样一来，电气事业家就必须为降低电气费用而拼命努力。但是，实现这一点并不能通过减少分红，或是基于合同约定和统管，以及低廉的工程以降低成本。小林提倡在各种各样的土地上兴起水力发电，形成工业地带。这样做的话，就可以避免输电过程中的电力损失。"如果统管后进展顺利，电费就会变得相当便宜。而在这个水源充足的国家，是应该像至今为止那样，由利润本位的企业公司采取过去的经营方法去开发？还是从今往后，需要处理的新部分在被统管后都交由政府或者是各府县去处理呢？"这个课题值得研究。[29]

注释：

1　伊藤常一编[1929],《京浜在住山梨县绅士录》(山梨县人社) 47页。
2　池田成彬[1949],《财界回顾》(世界的日本社) 238页。
3　村岛归之[1937],《小林一三》(国民出版) 242页。
4　小林一三"奈良的旅社"《全集》第6卷298页。
5　小林一三"怎样才能避免浪费"东京电灯《社报》第307号,1929年5月15日17页。
6　"在第7次分店店长会议上社长的训示"东京电灯《社报》第334号,1931年8月15日18页。
7　竹内朴儿[1965],《电器屋故事(下)》(电气商品联盟) 77页。
8　"持续动摇的东电的领导层(下)"《东洋经济新报》1930年4月19日(东洋经济新报社) 31页。
9　"东电为什么不盈利,何时才能盈利"《钻石》1932年1月11日(钻石社) 61页。
10　"营业线上的划时代活动"东京电灯《社报》开业50周年纪念号,1936年10月25日68页。
11　"营业部长在东京各营业所所长会议上的问候要旨"东京电灯《社报》第339号,1931年1月15日26页。

12 "东京中部营业所所长福田丰对各派遣员的问候"东京电灯《社报》第337号,1931年1月15日15页。

13 "社长在第12次分店店长会议上的问候"东京电灯《社报》第364号,1934年2月15日34页。

14 "《金元偿还什么的并没有被写上呀》小林作为东电社长的气势 分红会随之死灰复燃?"《中外商业新报》1934年10月16日。而且,关于东京电灯的外国债券问题,参照了东京电力股份公司[2002],《关东的电气事业与东京电力——从电气事业的创始到东京电力50年来的轨迹》(同社)。

15 "东电的偿还问题的解决与恢复分红"《东洋经济新报》1934年12月1日(东洋经济新报社)22页。

16 "东京电灯"《东洋经济新报》1935年新年特大号,1935年1月(东洋经济新报社)119页。

17 上述《关东的电气事业与东京电力——从电气事业的创始到东京电力50年来的轨迹》369页。

18 小林一三"我的人生观"《全集》第1卷238—239页。

19 小林一三"雅俗山庄漫笔"《全集》第5卷133—141页。

20 小林一三"电力问题的背后"《全集》第7卷304—305页。

21 "与私营的反对抗衡,不顾多数人的决定电力国家管理方案昨天的调查会最终会议"《大阪每日新闻》1937年11月20日。

22 关于这一点,参照了小林一三"电力问题的背后"《全集》第7卷303—325页。

23 伊井春树[2015],"小林一三的台湾旅行记——作为和歌咏作的记录"《阪急文化研究年报》第3号(阪急文化财团)1页。

24 平井健介[2014],"平生釟三郎看殖民地台湾"《平生釟三郎日记》

第9卷附录（甲南学园）6页。

25　小林一三"电力不足怎么办（上）"《东京日日新闻》1940年1月25日。

26　小林一三"如何才能顺利解决电力问题"《日本工业新闻》1940年2月20—28日。

27　小林一三《日后之事》《全集》第7卷72—87页。

28　小林一三"应该到来的电力事业经营"（由《日后之事》所收）《全集》第7卷83—84页。而且，原文几乎都被加了着重号，不过只能割爱。

29　同上，86页。

Ⅷ 东宝的成立与丸之内娱乐中心

东京宝塚剧院的成立与国民戏剧

1932年（昭和七年）8月12日，东京宝塚剧院股份公司的创立总会在东京丸之内中央电气俱乐部召开。该公司的设立目的是建成一座能够容纳3000名观众的大剧院。小林一三、岸本兼太郎、松冈润吉、今村新吉担任董事，八马兼介、石山贤吉担任监察人。通过董事之间的互选，小林当选为第一任社长。

具备每年都可以进行五六次公演实力的宝塚少女歌剧租用了歌舞伎剧场、新桥演舞场举行东京公演。关于门票费，歌舞伎剧场的一等座是4.5日元，新桥演舞场是3日元，这对于小林追求的国民戏剧来说价格过高。小林想要推出一种可以作为普通大众娱乐方式的国民戏剧，而不是仅限于一部分上流阶层观赏的戏剧。为了实现这个目标，小林主张建设一个大剧院，东京宝塚剧院的建设正是迈向这个梦想的第一步。在该剧院的

成立策划书上，小林是如此讲述自己对新剧院的期望的：[1]

从在歌舞伎剧场、新桥演舞场等的实战经验来看，可以确信宝塚少女歌剧能够在东京保持每年5次左右的出演频率。只是，歌舞伎剧场一等座的门票费是4.5日元，新桥演舞场是3日元，比我们设想的理想价格高出太多。如果门票能够更加便宜，毫无疑问会出现比目前更叫座的盛况。不过，毕竟是利用别人经营的剧场来做试验，暂时不能任意而为。

十多年来我一直怀有一个大剧场的梦想，根据这个梦想初次创立的国民戏剧，关于其形式和内容的问题，大家各有主见。但无论是歌剧还是歌舞伎风格的舞蹈剧，一直走在时代前沿的宝塚一派的自信，从在东京一年举行6次公演中就可以发现，我们没有感到任何不安。这次在东京创建大剧场，更是希望能让观众观赏到便宜、有趣、有家庭气氛、纯粹愉快的戏剧。

实际上，宝塚的东京公演对少女歌剧团的经营也非常有利，对艺术方面也有积极影响，所以我一直留心着想要将其实现。幸运的是，在日比谷公园的前面，帝国酒店的旁边，有一块1200坪归东电所有的待出售土地。我便将其买下，决定在这里新建一座大剧院。剧院的空间比较狭小，难以容纳5000人，但若是建立一座3000人左右的剧院，再以一等座2日元，二等座1日元，三等座50钱为标准计算，就有相当大的可行性，所以我最终坚决推行了这个计划。

小林主张培养国民戏剧，是考虑到对于一天工作 8 小时的普通大众来说，结束工作后的慰劳必须以娱乐为中心，戏剧就是"娱乐的最高层次"。因此，创造国民戏剧，就需要建造大剧院并增加观众人数，降低门票费用。建设在日比谷公园前面、帝国酒店旁边的东京宝塚剧院，是东京第一大剧院，它实现了小林十多年来一直主张的大剧院主义和国民戏剧构想。

东京宝塚剧院的场地本来归东京电灯所有，这一带有邦乐剧场、日本电影剧场、朝日新闻、东京日日新闻、报知新闻、帝国剧场、日本俱乐部、电气俱乐部、帝国酒店、无线电广播放送局等。在小林看来，这里"已经完全具备了成为未来娱乐地带的资格"。此处又位于皇居后面的东京中心地段，仅仅是日比谷的十字路口，一天就有 20 多万的人流量。

伴随着内部的整顿改革，东京电灯必须要对土地进行处理。无线电广播放送局就像看透了东京电灯的处境一样，提出以每坪 650 日元的价格收购这块土地。按照市场价，当时这一带的土地售价为每坪 1100 日元，所以东京电灯希望能以每坪 700 日元的价格出售。因此，小林以每坪 700 日元的价格购买了东京电灯的用地，想要在此建造一个大剧院。东京电灯的用地是 1500 坪，不过由于原邦造领导的爱国生命因业务扩张购买了

300坪,所以小林只购买了1200坪。

东京宝塚剧院股份公司的计划一经公布,股票预约就呈现了"预想之外的盛况",公司的成立进展"极其顺利"。这是建立在"世人对宝塚的长期信任"和对"将其无比完美地策划出来的事业家小林一三的深厚信赖"上。[2]

东京宝塚剧院在1932年12月1日举行了破土典礼,并于翌年12月29日竣工,负责该项工程的是竹中工程公司的技师鹫尾九郎。鹫尾在1931年秋天视察了欧美的大剧院,回国后,他一边积极吸取欧美大剧院的长处,一边为了让剧院的设计适用于日本,下了很多功夫,最后设计出了这个别具一格的大剧院。

东京宝塚剧院开业之后,宝塚少女歌剧团每年至少会有6个月时间在剧院公演,所以有必要为演出者提供宿舍。1933年6月,雅致的寄宿宿舍在芝区御成门落成,并在6月27日举办了建成仪式。小林在邀请来的"戏剧文坛的知名人士"面前,讲述了"东宝未来的抱负"。[3]

另一方面,小林决定节约东京宝塚剧院的建设费用,制定了在日比谷大神宫的旧址上建设日比谷电影剧场的计划,并在1933年7月5日举行了该电影剧场的破土典礼。内定的负责人秦丰吉受小林的命令,前去视察欧美演出界的动向。

1933年10月1日，东京宝塚剧院事务所在日比谷三信大厦的一楼成立。当天上午10点，小林召集了以负责人秦丰吉为首的那波光正、月野安文、长谷川胜吾、樋口正美、西村晋一、岛村龙三等公司员工，以及特约人员森岩雄，顾问律师真锅八千代等人，诚恳地向大家说明："真正的东宝公司员工是纯洁、正直、美丽的，坚持以世人常说的宝塚精神来做业务，不沾染演出界原有陋习，在将来都会成为优秀指导者。"在这之后，大家暂时解散分头去吃午饭，晚上又一起在新桥演舞场观看了正在公演的宝塚少女歌剧。小林就这样踏出了经营东京宝塚剧院的第一步。[4]

东京宝塚剧院是在1933年（昭和八年）年末的12月29日竣工的，从竹中工程公司那里完成交接后，在5楼的大厅进行了庄严的被禊仪式。在这一天的夜里，宝塚月组的150名师生抵达东京站，参与正月举行的首次公演，并在第二天进行了一整天的舞台排练。

东京宝塚剧院在1934年的第一天开业，在当天下午1点便举行了开场典礼，场下聚集了近3000名各界的名士以及戏剧文坛的相关人员。宝塚音乐歌剧学校的师生共同合唱了《君之代》、皇太子殿下诞生时的《恭祝歌》（中村孝也作词，山田耕作曲）、《宝塚进行曲》，之后是《宝三番叟》，休息30分钟后还表演了《花诗集》。《花诗集》被认为是"白井铁造氏以往的众多佳作中最杰出的一部作品，它在当时世人常说的轻松歌舞剧中，是一部划时代的大作"。[5]

受邀到开场典礼现场的作家菊池宽，发出了这样的感想："小林先生的事业取得了成功。不过遗憾的是，该剧院本身是失败的，最终将会交由松竹公司负责。"小林回应道："关于剧院的运营，恐怕所有人都在担心它能不能顺利进行。"小林虽然接受了菊池的意见，却始终认为自己有足够的胜算。[6]

从1月2日起，大剧院终于开始了正常演出，曲目为《宝三番叟》《红梅殿》《花诗集》。每一部都是足以回应深爱宝塚、关心戏剧的"东都市民"的期待的作品，因此获得了很高的人气。[7]

东宝剧团的组建

在东京宝塚剧院的经营上，如何安排宝塚少女歌剧不进行公开演出的月份的演出活动，这在一开始就是很大的课题。为此，首先着手策划的是组建新剧团。1934年（昭和九年）1月3日，开始了东京宝塚歌剧团专属演员的募集活动，从1300名的参选者中选拔录用了19名男子、9名女子。之后的1935年6月，有乐剧场开业，东京宝塚歌剧的专属演员阵容在整顿后，正式成为东宝剧团。

但是，只通过专属演员来维持东京宝塚剧院的经营十分困难。虽然在1934年3月与水谷八重子剧团合作上演了《樱花集体舞》，但由于培训时间短，演员技术不熟练，导致声誉不佳。6月与歌舞伎剧团市川猿之助联合上演了《年轻之时的成吉思汗》等作品，9月还聘请了关西的坂东寿三郎等人上演《山田长政》《竹取物语》等作品。[8]

1934年1月，日比谷电影剧场一竣工，东京宝塚剧院事务所便从三信大厦搬到了日比谷剧场内。该电影剧场配备有超凡的音响效果，门票统一都是50钱，从2月1日起，作为外国电影的首映馆正式开业。之后，日比谷剧场还与朝日新闻社合作，共同上映了《东宝news》。

从1934年9月起，这里开始举办被称为东宝名人会的曲艺表演，五楼大厅被改装成一个小剧场，摆放了500张椅子，门票统一为1日元。因为所有剧目都由一流的演艺人出演，这里被评价为一个"明朗、让人愉悦的曲艺场"。[9]

1935年6月，先后与东京料理业公会、东京茶屋公会、全国艺伎同盟公会联名，小林在杂志《东宝》以及有乐剧场开业仪式分发的册子上，发表了"斥责花柳界是下等产物，以及认为花柳界是戏剧的阻碍，公开发表这些内容的人实在是无礼

至极"的观点,并作出以下决议:[10]

——请不要如此看待东宝的所有演出作品。

——很遗憾要将东宝诸位中与花柳界相关的艺人辞退,即便是娱乐节目也不会邀请这些艺人。

——即使艺人与归属花柳界的老师存在交情,留在东宝期间,还请诸君断绝与他们的一切往来。

这个决议被传达给东宝专属的男女演员、长调伴奏成员、东宝管弦乐团员、东宝名人会的相关人员、名人会临时出演者等人,甚至在有乐剧场6月上演的轻歌剧《舒伯特之恋》中,作为特别出演的藤原义江、德山琏等声乐家也知道了这个决议。与其说小林在否定花柳界,不如说是在认同其作为社交场合的存在意义。但是,如果不把大众从戏剧只依靠花柳界的这种认知中解放出来,戏剧就不会向前进步。

丸之内娱乐中心的形成

在小林一三看来,东京并不是"我所想象的那种明朗、纯洁、美丽的欢乐场"。不过,在大阪就有这样的地方,如道顿堀、千日前、乐天地等,郊外有浜市(南海沿线)、宝塚(阪急沿线)、甲子园（阪神沿线）等，那里有很多可供知识分子和年轻人游乐的场所。在东京，说到大众聚集的场所就会想到浅草，不过，由于浅草有些"过于下等"，"很多家庭以及有教养的人士都不太满意"。这里也有像上野公园、山王公园、芝公园等在大阪看不到的大公园。上野公园作为博览会的会场，还设有美术馆，虽说可以满足大众的大部分需求，不过只有浅草可以充当真正的娱乐中心。[11]

小林便开始考虑："在东京选几处合适的场地，将其中的一处打造成比较高级的娱乐地带。"小林选中的是日比谷。因为在日比谷"不仅只有公园，还有礼堂和图书馆，旁边又是帝国酒店。幸运的是，在它附近还有很多空地"，而且"它旁边还有帝国剧场、邦乐剧场、以及日本剧场"。因此，小林便以日比谷为中心，完成了丸之内娱乐中心的建设。[12]

接着，小林在横滨、名古屋、京都、大阪、神户等大城市，建造了"始终如一的系统型、新鲜的娱乐剧场"。小林为建造娱乐街感到骄傲，"想要经营电灯、电力事业的人要多少有多少。不过，想要经营剧场，并在此领域开拓新天地的人则屈指可数，除了我之外没有其他人会去做了。一想到这件事我就感到很骄傲。另外，从经济层面上考虑，我也有必须去做的责任"。[13] 小林与亲密友人——被称作"电力之鬼"的松永安左卫门，以及有着"电力王"绰号的福泽桃介的这段话，实在有趣。

小林建设丸之内娱乐中心，是从加入被称为"陆上龙宫"的日本剧场（日剧）之后开始的。日本剧场的演出成绩并不理想，与日本活动摄影（日活）的合并也以失败告终。从1934年（昭和九年）7月23日起，戏棚也被关闭。在此期间，日剧与东京宝塚剧院进行了出租经营的交易，在12月20日与东京宝塚剧院缔结条约，条约内容为：在1935年1月1日之后的3年内，该剧场的经营都将由东京宝塚剧院掌管。实际上，东京宝塚剧院是在3个月后才开始接手经营的，它的门票价格也统一为50钱。

演出界的外行们认为，小林即使接手了日本剧场，也一定会在中途放弃，好像还有人在打赌小林会在何时放弃。因为他们认为演出是"难以预料的东西"，"赌中了会大赚一笔，否则就会亏损很多"。但是，小林并没有把日本剧场的经营看作是"演出"，而是把它当成"娱乐事业去经营"。

小林认为，日本剧场通过美国轻松舞蹈短剧《马库斯修》的公演以及由卓别林主演并监制的电影《街灯》，还是赚到了不少钱。不过，"最终还是由于亏损太多造成财政赤字，难以经营下去"。这是由于奉行了原来的"碰上就赚主义"，"经营上非常阔绰，仅仅在人员开支这一项，一个月就有1万余日元的花销。售票窗口设置了6个之多，三等票的乘客也需要坐电梯到三楼，经营成本很高"。因此，"入场费非常高，普通的工薪阶层根本不会考虑"。

接手了日本剧场的小林，首先从节约经费做起，将6个售票窗口改为1个，售票的工作只交由两人负责。1万日元以上的人员开支被削减到4000日元左右。同时，进一步改善设备，将门票价格统一为50钱。日剧与铁道线有乐町站的距离很近，该站每天有10万以上的乘客上下车，预期一天能达到6000名观众的客流量。

1935年9月20日，东京宝塚剧场将日本剧场的所有者——日本电影剧场吸收合并。日本剧场作为东京宝塚剧院旗下的剧场，稳固了剧院在有乐町的地位。东京宝塚剧场在这一年的6月对日本剧场实施了双倍增资，资本金达到340万日元。而在合并日本电影剧场时，又进一步增加了100万日元的投资，资本金达到440万日元。关于这段时间的经历，小林这样讲述道：[14]

由于日本剧场与东宝剧场的租赁合同，最终实现了丸之内娱乐中心的统一计划。我从来没有想过让东宝强行单独经营这个剧场，如果它和松竹公司一起申请加入，即使是日本活动摄影的申请我们也会十分欢迎。如果是艺术方面的竞争，也许互相鼓励也不错。但如果由于鲁莽的竞争而导致两败俱伤,暂且不说一时之间的影响,最终遭殃的还是顾客。所以必须慎重考虑,妥善处理。关于大川先生的电影事业以及根津先生的新闻事业,由于他们经营整顿了几十家事业公司,具备丰富的经验,所以我从一开始就对他们抱有信心,相信一定不会出现与我的这些观察相悖的情况。然而,事实却完全相反,我们的两位前辈,整顿事业的成功者,他们的电影和新闻事业都失败了,原因究竟是什么呢?按照我的经验来看,不管是电影、戏剧还是新闻,它们的经营方法和实业界各事业的经营方法都是截然不同的,而他们并没有了解到这一点。我在大阪新报的4年里,曾辅助过社长加藤恒忠氏,承担该报社的经营职责。之后,还做大阪时事新报的监督者武藤、平贺两位的代理,连续两年参与到该公司的机要中。之后,我有3年的时间都是作为东京时事的要员,深入参与该公司的经营协商。前后算来有七八年时间,分文不取,甚至倒贴进数万身家才获得了经验。在电影方面则是通过我在东亚电影、东活整理、宝塚电影等公司十多年来遭遇的各种波澜曲折中获取经验。从这些经验来看,我认为无论是戏剧、电影还是报纸(少数除外),若是将它们作为事业公司进行管理,几乎都无法步入正轨。这种常识以外的习惯和训练,我们这些实业家是无论如何也探知不到的。因为盛行这种思潮，所以我们认为这些事业就只有6张榻榻米的大小，发展空间很小。但是，无论在什么场合，都必须将不惜打倒别人，只要自己能获得利益就好的旧观念丢掉，转而奉行共存共荣的大方针，这才是通往繁盛的必经之路和取得成功的秘诀。日本剧场的经营也是希望能在诸位同行的真心实意地互助下，谋求丸之内各界的安定，推动其循序渐进地发展。

小林也进军了电影界。一般电影被认为是大众事业，是需要抓住大众的心的事业，而小林则持有一些不同的看法。小林认为，至今为止的电影院虽分为松竹派和日活派，但是不管哪一派都是连锁组织，都自诩在全国的电影院数量最多。由于电影院每周都要有新的影片上映，在东京是上映一周，在有些地区只上映一天。所以，电影大都是粗制滥造。抨击这种状况的小林，提出想要与松竹合作，一起完成在东京的首映馆至少上映15天左右的目标。而达成这个目标必须要降低门票价格，增加观影人数。这么一来，就能够遏制电影粗制滥造的现象，从而实现长期上映的可能。

将日本剧场收于旗下的东京宝塚剧院也正式进军电影界，形成了由剧场和电影院组成的东宝连锁系列。由东宝直接经营管理的有东京宝塚剧场、日比谷电影剧场、横滨宝塚剧场、名古屋宝塚剧场、京都宝塚剧场以及日本剧场。此外，由阪急电铁直接经营的有宝塚大剧场、同中剧场、同小剧场以及阪急会馆。在剧团方面，有宝塚少女歌剧团、东宝剧团、东宝古川绿波剧团、日剧舞蹈队。

1935年6月，有乐剧场开业，初次公开演出的东宝剧团邀请了青年歌舞伎的新人坂东簑助参演。演出虽不算成功，但朝着小林的国民戏剧理想"迈出了轻快的第一步"。[15] 1935年7月，古川绿波剧团在横滨宝塚剧院进行小试牛刀的演出之后，8月便在有乐剧场登台演出。古川绿波剧团的演出大获好评，之后还在宝塚中剧场和有乐剧场继续演出。

1935年，东宝先后于4月1日新开了横滨宝塚剧场，于10月12日新开了京都宝塚剧场，于11月2日新开了名古屋宝塚剧场。东宝像连珠炮似地推动了大城市剧场连锁的形成。在独立剧团中处于领军地位的新国剧剧团，只在东宝的剧场进行公开演出。

1943年（昭和十八年）12月，东京宝塚剧院股份公司与东宝电影股份公司合并，共同组成东宝股份公司。之后，东宝便亲自着手演剧和电影的结合，在电影方面更是促进制作、配售、演出的一体化事业形成。

1937年2月，小林在与国电锦糸町站北侧相邻的汽车制作公司的工厂旧址上创立了江东乐天地。此外，还专门为在江东地区工厂街工作的人们开办了江东剧场、本所电影院，于1938年开办了游乐园。同时，还开办了江东花月剧场、须田町食堂、文化商店（译者注：神社、寺院院内的商店，销售纪念品）。这些与宝塚和丸之内相同，都是"以大众为本"的纯洁、正直、美丽的娱乐殿堂。江东乐天地的资本金为100万日元，在丸之内的东京宝塚剧场召开了创立大会。第一代社长由吉冈重三郎担任，他自入职到箕面有马电气轨道以来，一直在宝塚、东宝以及小林的手下工作，所以熟知经营理念。

江东乐天地在1945年3月遭受了大空袭，只留下了电影院，其他全部都被烧毁殆尽。不过，在第二次世界大战后，这里便开始复建，改名为东京剧场，另外成立了电影和演剧的演出部门，以及保龄球、夜总会、酒吧、舞厅等事业部门，甚至还成立了不动产等部门，成长为由这些部门构成的大型企业。[16]

注释：

1 东宝30年史编撰委员会编 [1963]，《东宝30年史》（东宝）138—139页。
2 山静雄编 [1943]，《东宝30年史》（东京宝塚剧场）51页。

3 同上，52页。
4 同上。
5 同上，53页。
6 小林一三 [1943]，"东宝10年之际"同上2页。
7 上述《东宝30年史》53页。
8 同上，54页。
9 同上，54—55页。
10 小林一三"我的生活方式"，《全集》第3卷169—170页。
11 同上，140—141页。
12 同上，113—114页。
13 同上，114页。
14 上述《东宝30年史》55—56页。
15 同上，56页。
16 岩堀安三 [1972]，《伟才·小林一三的商法——其大众志向的娱乐经营方法》(评言社) 257—267页。

IX 就任商工大臣

成为访意的经济使节团副团长

1940年(昭和十五年)3月15日,小林一三在东京电灯的董事会上表达了自己想要辞去社长一职的想法。小林计划在辞掉社长后退隐大阪,最终在众董事的请求下依旧留任社长。董事们提出的条件为小林只需要每月参加一次董事会即可,小林认为这样既对身体无碍,又能见到老朋友,便改变心意接受了他们的请求。此外,副社长新井章治晋升为继任社长。

董事们在会议上讨论这一话题时,接到了由原外务大臣兼外务省外交顾问佐藤尚武打来的电话,不久之后又接到了乡诚之助的电话。两人都有事想与小林商量,于是前来拜访。乡诚之助先找到小林,询问他如果辞去东京电灯的社长一职,是否愿意作为民间的亲善使节出访意大利。之后,外务省方面派出的代表佐藤也来了,请求小林一定要作为民间代表出访意大利。

1940年3月29日,小林与佐藤尚武、片冈安(大阪商工会议所会长）等人一起被任命为派遣到意大利的亲善使节，并在4月10日下午2点，以访意经济使节团副团长的身份搭乘"榛名丸号"从神户港起航。访意经济使节团一行共有22人，其中包括满洲国财界和关西财界的代表。一行人经过门司，于14日下午2点抵达上海。

意大利承认满洲国的合法性，不仅与满洲国互派使节来往，在经济方面还签署了日德意通商协定。抵达意大利后，小林等人便开始到意大利各地参观学习。1940年6月10日，一行人在威尼斯接到了意大利参战的通知。到当前为止，欧洲战场方面虽然已有德国正在与英、法两国交战，但是意大利并没有加入战争。访意使节团原计划从法国起经由英国、美国然后再回国，不过由于意大利的参战，他们无法再顺路前往英、法两国。他们收到了外交部下达的经由西伯利亚回国的指示，因此，小林等人便向着柏林出发了。

7月3日夜晚，小林下榻于柏林的一家酒店。在那里接受了《朝日新闻》的采访，他对希特勒全盛时期德国经济水平之高感到震惊，并作了如下发言：[1]

战后的欧洲会变成怎样尚且不谈，当下不得不承认的是，欧洲已经成了德国的天下。若英国真是会打算盘的高明之国，此时应该与德国握手言和。不过，战争虽费钱，一旦取得胜利却会一本万利，所以此时正为胜仗振奋不已的德国会不会答应和解还很难说。

见识到了德国深不可测的工业实力和国内整合方法后，我认为这么一来，欧洲有可能会完全在德国的掌控之下。

访意使节团从柏林出发到达莫斯科，随后在西伯利亚乘坐火车，由于是铁路的缘故，使节团无法全员一起回国，小林等人便先行出发，留下后出发的佐藤等人。他们从西伯利亚铁路换乘到南满洲铁路，于7月16日夜里到达大连。在这一天，米内光政内阁全体辞职，翌日天皇便下达了由近卫文麿组阁的敕命。7月19日，分别为首相、外务大臣、陆军大臣、海军大臣候补的近卫文麿、松冈洋石、东条英机、吉田善吾等人，在近卫的私人宅邸——荻外庄（位于杉并区荻漥的近卫文麿的私人宅邸）召开集会，共同协商"南进"与"强化枢要"等国策。近卫在6月24日就已经辞掉了枢密院议员一职，以此表明自己推进新体制运动的决心。7月6日社会大众党解散，7月16日政友会久原派解散。1941年10月12日，大政翼赞会成立。

小林到达大连之后，从近卫文麿那里接到了立刻回国的电报。原计划于7月21日乘坐"拉普拉塔丸号"并下榻大和酒店的小林，只身乘坐20日上午10点出发的"吉林丸号"前往门司。刚到达门司,就又接到从福冈坐飞机回国的通知。

就职第二任近卫内阁商工大臣

1940年(昭和十五年)7月22日傍晚,小林一三乘坐道格拉斯飞机到达羽田后,发现机场聚集了众多东京电灯和阪急电铁的要员,他们也是到达机场才得知小林即将成为第二任近卫内阁商工大臣。但问题是,近卫为何会任命小林为商工大臣呢?

介绍小林和近卫两人认识的人,是在1930年创办了《政界往来》杂志的记者木舍几三郎。木舍在小林即将前往意大利时,在驻地的日式饭馆为小林举办了送别宴会,并邀请近卫参加。据说当时近卫就已经决定,如果下达了再次组阁的敕命,就邀请小林进入内阁。[2]

就这样,小林在到达羽田当日的晚上8点前往霞山会馆面见了近卫总理大臣。近卫在深夜为小林举行了天皇亲自任命的仪式。小林参加仪式后,发出如下感慨:[3]

这实际上是我出生以来第一次参拜皇宫,所以对什么都不熟悉,连停车廊在哪里都不知道,完全一无所知,就这样在皇宫里心醉神迷地漫步。因为被皇宫的尊贵打动,忍不住觉得悚惧,意识已经不知道飘向了何方。实在是万分感谢在高贵的御园中当值之人，通过他们的指引我才能回到家里。不过那天夜里由于太过兴奋而一夜无眠，打心里感受到这次任职是日本国民精神的体现。自己出生的时候就是孤儿，又在甲州乡下长大，如今竟被任命为如此光荣的官职，说是感激涕零也不为过。

小林将大臣之职看作是"光荣的官职"，在甲州乡下长大的孤儿竟然当上了大臣，还在官中参加了天皇亲自任命的仪式，对此实在是感激不尽。小林的友人——评论家小浜利得曾犀利地指出，小林是拥有"时代思想"的人，而他对大臣的这种认知也正是其"时代思想"的表现。此外，第二任近卫内阁的成员有内阁总理大臣近卫文麿，外务兼拓务大臣松冈洋石，内务兼厚生大臣安井英二，大藏大臣河田烈，陆军大臣东条英机，海军大臣吉田善吾，司法大臣风见章，文部大臣桥田邦彦，农林大臣石黑忠笃，商工大臣小林一三，通信兼铁路大臣村田省藏，国务大臣兼企划院总裁星野直树以及内阁书记长官富田健治。

但在1941年4月4日第二任近卫内阁改组之后，小林与国务大臣兼企划院总裁星野直树都被辞去了大臣之位。尽管小林当上大臣时感激涕零，但在任时间只有短短的8个月。任职商工大臣期间，小林处理的重大工作有两件，即作为经济使节访问荷属东印度，以及批判由统制官僚提出的"经济新体制"

访问近卫文麿府邸 1939年 66岁

草案,并删去了该法案的主要部分。

与岸信介的争执

在近卫新体制下,商工大臣的候补者除了小林以外,还有商工次官岸信介、领导新兴财阀的鲇川义介以及历任企划院总裁、大藏大臣等的青木一男等人。1940年(昭和十五年)7月19日的《东京日日新闻》报道说"岸信介呼声很高"。实际上,近卫在7月20日把岸信介叫到荻外庄,在7月21日报道这件事的《东京日日新闻》也讲到岸信介有望成为商工大臣。

在 7 月 21 日的早上，近卫如上述所说的那样，给在吉林丸船上的小林发送了让其中途坐飞机回国的电报。有人猜测小林成为商工大臣，是近卫与岸信介在荻外庄会谈中做出的最终决定。[4]

岸信介与松冈洋石、鲇川义介二人都有姻亲关系。他作为商工官僚在表面上看起来非常活跃，但由于受到广田弘毅内阁的商工大臣小川乡太郎的疏远，被商工省驱逐，因而逃到了满洲。在满洲，岸信介作为"满洲产业开发五年计划"的负责人，通过让鲇川的日产财阀移驻等举措大显身手，并在 1939 年 10 月作为商工次官重返商工省。近卫想通过松冈拜托岸信介就任企划院总裁兼国务大臣，不过岸信介认为企划院总裁由在满洲国作为国务院总裁、总务长官而大显身手的星野直树担任更为合适，便拒绝了近卫的请求。这么一来，近卫又拜托岸信介就任商工大臣。岸信介犹豫了一段时间后，认为自己还是留任商工次官一职比较适宜，建议商工大臣由合适的财经界人士担任。根据岸信介的《断想录》描述，近卫曾讲过："说实话，我还是很希望由您来担任商工大臣，请您务必接受。"岸信介后来曾这样说过当时的心境："年轻的我对此感激不尽。"近卫便接着询问他谁比较适合做商工大臣，在他还难于回答之时，近卫又问道"你觉得小林一三先生如何"。岸信介由于不太了解小林一三，所以就没有给出什么意见。小林就任商工大臣一事就这么决定了下来，而岸信介则在小林的手下继续担任商工次官一职。[5]

以上便是小林成为商工大臣的经过。因此，小林虽然就任了商工大臣，岸信介也并未对其进行信任投票。当大臣更替时，按照惯例，次官为了获得信任会主动提出辞职。小林与岸信介的关系从一开始就很僵硬。通过岸信介的《断想录》可以了解到，小林在担任大臣不到一周的时间内便将岸信介叫到大臣室，对他讲道："虽然世人都认为我和你发生了争执，但是我是不会和你争执的。我年轻的时候很喜欢与人争辩，不过却从未因跟人争辩而吃过亏，我可是很擅长争辩的。我和你争辩若是辩赢，大概会被人讲小林都一把年纪了，一点也不像一个通晓人情世故的人。若是输了估计也会落下话柄。所以不管怎样，我与你争辩一点好处也没有，我们又怎么会做这么愚蠢的事情呢？"[6] 顺便说一下，小林一三与岸信介的年龄相差了24岁。

前往荷属东印度

在就任商工大臣后不久的1940年（昭和十五年）8月28日，小林被任命为前往荷属东印度的特派使节，并于8月30日的夜里从东京出发，9月2日在门司港口乘坐日昌丸号，朝着荷属东印度（荷兰在东印度诸岛的殖民地，相当于现在的印度尼西亚）前进。同行的人除了东京电灯的要员岩濑英一之外，还有来自外务省、企划院、大藏省、通信省、拓务省的官员以及陆、海军的4名军人（陆、海各2名）等20人。此行的目标是为了推动日本与荷属东印度之间贸易的顺利进行，与荷属东印度政府当局展开交涉。

在这一年的4月，德军开始对挪威和丹麦进行闪电式作战，可以预见德军对荷兰、比利时的进攻也是不可避免的。在荷兰自身都卷入到了战争旋涡的情况下，其殖民地荷属东印度的国际地位将会如何变化，这是日本最关心的。由于日本从荷属东印度进口大量的石油和铝土矿，而在荷兰本国都参战的情况下，荷属东印度将会更加接近英、美、法等国，日本担心这会不会阻碍其与荷属东印度的贸易往来。

关于前往荷属东印度的特派大使的任命也引发了一个小纠纷。从米内内阁时起，特派大使的派遣就是一个长年没有解决的问题，不过在近卫内阁时期，方针有所改变，特派大使不是由外交官担任，而是由实业界的大人物推荐的人选担任。但到了1940年8月，小矶大将升为候补，他甚至还笼络了东条陆军大臣和吉田海军大臣。经过多次变动，最终竟然决定派遣小林这位商工大臣。

9月2日下午5点，小林从门司港向着荷属东印度出发。在9月12日抵达荷属东印度后，从9月13日起到10月20日，小林不知疲倦地与荷属东印度当局进行了长达一个月左右的交涉。小林的措辞很直接，即想要从荷属东印度进口石油。最开始，交涉进行得比较顺利，但是在9月27日日德意缔结了三国同盟之后，形势立刻发生了变化。荷属东印度面对和自己的敌对国德国结成同盟的日本，态度随之强硬了起来，交涉也没有谈拢，小林好不容易才达成了让交涉可以继续进行的约定，于10月22日回国。

继任为荷属东印度使节的原外务大臣吉泽谦吉，负责继续跟进与荷属东印度的交涉。虽然从这一年的12月到1941年6月都在持续交涉，但最终还是没有谈拢。日荷会谈决裂后，根据所谓的ABCD包围网，日本被荷属东印度的石油拒之门外。同年12月8日，珍珠港事件爆发，日本决定加入到太平洋战争中。

围绕"经济新体制"

在小林外出期间，由岸信介等人敲定的商工省"经济新体制纲要实施方案"被提交到企划院，并确定成为企划院方案。这个纲要实施的目标是实现"资本和经营的分离"，即全面实现由国家管理生产。围绕这个方案,分为"维持现状"派和"革新"派,两派激烈对立,这也是商工大臣小林一三和商工次官岸信介之间对立的一个明显表现。[7]

小林赞成树立"经济新体制",不过其内容却与军部和官僚有着明显的冲突。经济方面的新体制是"基本国策纲要",并作为"以日本为中心的日满支三国经济自主建设的基调,确立国防经济的根基":①确立日满支一体,包容大东亚的协同经济圈;②通过官民协力,实行计划经济,特别是始终坚持一元化统管主要物资的生产、配给、消费,并以整备这种机构为目标。

企划院根据这个"基本国策纲要",策划了"经济新体制"方案,其目标是确立以公益优先、高度计划经济为原则的经济新体制。因此,希望确立生产、配给、消费的全面性计划经济。关于重要产业,一方面要将"卡特尔"和"托拉斯"以全新形式重组,另一方面,要从根本上革新商业道德,在此基础上,确立一元化的配给机构。另外,在农业部门,则以促进生产力的发展和农村的协同化为目标,推动新农业生产体制建设,希望能够重组农业团体,重建农村生活。总而言之,"指导者原理"的确立,试图通过区分开经营和资本,抑制利润等纳粹党派的统制经济思想,重新改组日本经济。

企划院制作的"经济新体制"方案在1940年11月12日被第一次提交到内阁会议。随后，以小林商工大臣为首的财界和政党出身的阁员，强烈反对这种无视民间企业创意和责任的方案。最终，企划院的"经济新体制"方案，在经过5次经济阁员恳谈会商讨后，被大幅修正，"经济新体制确立纲要"于1940年12月7日通过内阁会议。

但企划院草案中的"为应对紧张时局，需资助国防和国家体制的完成，因此要谋求充实的军备、安定的国民生活、恒久繁荣的国民经济"，被更改为"企业应以民营为本位，只在特别必要的场合才由国营以及国管公司经营"，增加了这条发生根本性变化的内容。此外，原草案主张的"整理统合中小企业"被更改为"正是中小企业维持和造就了经济新体制"，并增加了附言，"在中小企业的维持变得困难的情况下，应互相进行自主的整理统合，另应资助中小企业顺利转移"。总之，还是尊重了中小企业家的自主性。

和企划院取得密切联系、领导制定"经济新体制"方案的商工次长岸信介，以及他领导的"革新派官僚"，想要根据"经济新体制纲要实施方案"，为作为经济新体制中心的新产业团体成为重要公共机关提供法律依据。针对企业，他们则试图根据"指导者原理"制定一个能赋予他们更多指导统管权限的"产业团体法",但这些计划都被小林破坏了。

这段时间,小林与岸信介的关系进一步恶化。岸信介想要向归国后的小林汇报其外出期间的相关事务,并对其说明经济新体制的相关问题,不过小林都以有自己的考虑为由拒绝了。即使岸信介向小林询问经济阁员恳谈会的审议内容,小林也会以这是机密为由不予回答。岸信介终于忍不住愤慨,说道:"大臣之前讲过不会与我争辩,可是现在难道不是大臣在找碴儿与我争辩吗?大臣不听经济新体制事务当局的说明,也不讲经济阁员恳谈会的内容,也不说明自己的意见。这么一来,我根本无法尽到作为商工次官的职责。若大臣如此找碴儿挑衅,那我们之间必定会起争执。"[8]

企划院事件

小林还在丸之内的工业俱乐部时就曾对财界众人讲过,他认为所谓的经济新体制就是"赤(共产党)",还指责布票也是"赤"的这一观点。这么一来,岸信介与小林的对立确已成为定局。在1942年12月7日的内阁会议上,"经济新体制纲要实施法案"被确定下来,但岸信介认为企划院的草案在经济阁员恳谈会上被删掉了关键内容。

12月28日,在鲇川义介和高碕达之助的斡旋下,小林和岸信介达成和解。岸信介评价小林的经济思想是"自由主义经济最彻底的产物",[9]这样的立场表明,两人的对立不可能彻底消除。12月进行了内阁改造,平沼骐一郎刚一就任内务大臣,就发生了企划院事件,即企划院的官员因与共产主义者有着幕后关系而获罪被捕。因这次事件,小林决心以岸信介在幕后操作这些官僚为由使其辞职。小林向平沼内相表达了岸信介很难管理的想法,并从平沼那里得到了"商工省的人事全权交由大臣处置"的承诺,便向松冈洋右恳请让岸信介卸任,但被松冈劝阻,最终没有成功。在这之后,小林直接冲到岸信介家中,逼迫其辞职。岸信介询问了近卫的意向,了解到如果大臣与次官发生冲突,除了次官辞职外别无他法,因此坚定了其辞职的想法。

但在1940年12月到翌年3月召开的第76次议会上,小林被追究泄露企划院草案的罪责。众议院议员小山亮坦言,小林曾私下让渡边经济研究所的所长渡边铁藏浏览企划院的草案,这种行为足以构成泄露机密罪,小林因此受到攻击。此外,小林偷税的嫌疑也被大做文章。

在会议期间,小林还不至于被逼到辞职的地步。但是议会刚刚结束,小林、星野两位大臣就被迫辞职,商工大臣由海军大将丰田贞次郎继任,企划院总裁由兴亚院总务长官代理的陆军中将铃木贞一继任,两人均作为国务大臣进入内阁。自此,小林等人的"自由主义"经济思想逐渐不被接受。根据名为政界往来社的出版社社长木舍几三郎的说法,在当时的背景下,小林、金光庸夫(厚生大臣)、秋天清(拓务大臣)、村田省藏(通信大臣)等阁员强烈不满政府统管经济的做法,对军部也进行了批判。[10]

小林刚刚辞掉大臣之位,就立刻在《中央公论》(1941年5月号)上执笔投稿《大臣落第记》,本来打算连续投稿数期,由于受到宫内省不谨慎的非难而被迫中止。《大臣落第记》中刊登了小林对各种各样的人的评论,还能看到小林眼中反对企划院的"经济新体制"方案的自己,并不是从大臣"落第",而是实现了精彩的"及第"。[11]

注释:

1 "打新欧洲的算盘的小林先生在柏林的讲话"《东京朝日新闻》1940年7月5日。
2 阪田宽夫[1983],《我们的小林一三——纯洁、正直、美丽》340—341页。
3 小林一三"大臣落第记"《全集》第7卷391页。
4 上述《我们的小林一三》345—346页。

5 岸信介[2014],"断想录"岸信介、矢次一夫、伊藤隆《岸信介的回想》(文春学艺丛书)386—387页。
6 同上,388页。
7 同上,55页。
8 同上,389页。
9 同上,58页。
10 木舍几三郎[1961],"《大臣落第记》前后"小林一三老先生追想录编撰委员会编《小林一三老先生的追想》(阪急电铁)192—193页。
11 小林一三"大臣落第记"《全集》第7卷381—392页。

X 战后的小林一三

战败日

1945年（昭和二十年）8月15日，根据波茨坦宣言，自"九一八事变"以来长达15年之久的战争终于结束。在大多数日本人茫然自失之时，小林一三以冷静的目光注视着日本的将来。让我们来看一下他在8月15日的日记。

小林将战争时期的统制经济批判为"共产主义"性质的经济，他主张"应该根据资本主义大修正，建造一个只要工作就能实现工作价值的世界，以及一个所有国民都可以怀揣希望的社会"。这在现实中是"完全没有可能的想法"，是只能留存在著作中的言论。不过，战败后日本的未来正向着意想不到的方向发展，小林是这样说的。[1]

因为原子弹袭击造成的影响，日本宣布无条件投降，和平自此到来。根据于本日正午颁布的诏书，以英美为中心的自由主义基础政治形态将会让日本踏上新的征途。根据波茨坦宣言，即使国家遭受排挤变得又小又穷，比起使国民都成为共产主义者而失去自由，沦落到失去自治的苏维埃国民的生活水平，可以认为现在的结果是多么的幸运啊。这么一来，从日本的角度来看，日本被苏维埃背叛、出卖，甚至遭到了被逼到赤身裸体地步一般的悲惨待遇，不如说这是天运，跌到最底层后再夺回我国的荣光。也许这是一个新起点，即使不认输，可能还是会变成这样，感谢上天尚未舍弃吾国。

小林对此显得意气飞扬。战败后的日本一直害怕会被交由苏维埃联邦管治，不过根据波茨坦宣言中的承诺，日本终于摆脱了经济统制，在以英美为中心的自由主义经济下，日本的未来可期。这也许是"天运"，是"可喜可贺的新起点"，因为上天并未舍弃日本。

就任战败复兴院总裁

不久人们便议论起小林即将担任战败复兴院总裁一事。1945 年（昭和二十年）10 月 30 日，小林一三在币原喜重郎内阁之下，以兼任新设的战败复兴院总裁为条件，就任国务大臣。小林之所以进入内阁，是受到了吉田茂和近卫文麿的授意。吉田是币原内阁的外务大臣，他强烈请求小林加入内阁。[2]

在小林就任战败复兴院总裁的 11 月 5 日下午 1 点，召开了临时内阁会议。大藏大臣在会议上说明了由其提出的财政再建计划大纲要点方案，希望能获得内阁会议的理解。在财政再建计划中，包含了一条征收财产税的方案。小林并不反对向那些在战争中获得利润之人和富豪阶级征收财产税，但他认为征收财产税否认了资本主义和私有财产制度，也与将日本再建为一个自由主义国家的方向相矛盾。

同时，小林还主张保证民间金融机构的存款安全，并提议将其活用到复兴方案上。即确保民间金融机构给予军需公司的巨额贷款，与日本银行的巨额借款相抵，保障日本金融机关的存款安全，将其活用为复兴资金。但是，币原内阁在1946年2月公布了"金融紧急措施令"和"日本银行债券储存令"，实施了与小林构想完全不同的更改新日元以及封锁存款的措施。

小林主张将国有铁路、专营事业、电话事业、广播事业等国有企业交由民间经营。此外，为解决粮食问题，提出在北海道进一步提供马铃薯以作食用，推动"因地制食"。为解决住宅不足问题，提议免除新建出租房的固定资产税，并奖励建设出租房。对于观光事业，小林也发表了自己的看法：为吸引外国游客，并非建造赌场等低劣的旅游设施，而是要配备照顾到各个年龄层需求的娱乐设施。就这样，战败之初的小林为实现祖国的再建，持续发表了各种各样的意见。

开除公职

就任战败复兴院总裁的小林一三，新年之后就被开除了公职，同盟国军队最高司令部（GHQ/SCAP）在1946年（昭和二十一年）1月4日下达了开除公职的指令。小林曾在第二任近卫内阁中担任商工大臣，因而符合该开除令，于是在4月辞去国务大臣兼战败复兴院总裁之职。他在1951年8月6日被解除公职，开除时间长达5年之久。

被开除公职后的小林，除了每年1月3日的新年第一次茶会，以及12月19日的祖先忌辰之外，以药师寺会为首，经常利用位于池田府邸的四个茶室，由自己主持、举办茶会，其中有滩同人会、细流会、溪苔会等。同时，小林还是松永安左卫门、五岛庆太等人举办的茶会——延命会的常客。小林为阪急美术部发行的杂志《日本美术工艺》的每一期执笔"新茶道论"。他好像每天都过着醉心茶道的日子。

小林所说的"新茶道"，带有"应对新时代，即茶道的理想状态"的意味。[3]

安定国民生活要先从粮食入手，所以粮食和填饱肚子的重要性自然不言而喻，那么住宅问题又该如何解决呢？由于战争轰炸的破坏，全国至今还缺少400万户左右的住房。新建住宅要求必须严格遵守每栋15坪左右的标准。关于劳动问题，需要强制规定几千日元的最低生活费基准。劳动基准法出炉后，需严格遵守8小时工作制，女子以及未成年人的工作形势因此发生了很大的转变。

在这种时代背景下，茶道的社会生活还与过去一样毫无变化是不合理的。家中如果有用人的话，则需要上交使用用人税。若是规模大的府邸、宽广的庭院，则需上交住房税、庭院税，不知道这一切将来是否会发生改变，但连雇用一名女佣都很困难的时代即将来临。那么，茶道的世界将会如何呢？假设要召开一场茶会，茶艺师会过来，辻留、吉兆、川德等厨师也会被派过来，常来常往的旧货商也会过来，宗匠（注：在日本指的是和歌、俳谐茶道和插花等的师傅）也会过来。然后，还需负责捐赠事宜、接待宾客、安排入座、收拾草鞋、庭院洒水、摘掉幕帘的人。怀石料理需要两次汤水，两次食器，且每次都需美酒和丰盛的下酒菜相伴，厨房总是忙碌不已……这样一来，我认为茶道世界就过于无视当今的时势了，想要继续保持这奢侈作风，无论怎么说都是不合时宜的。

由于日本的战败，很多日本人都被迫陷入生活困境之中，所以绝不允许只有茶道世界还维持着曾经的奢侈。小林正在探索与战后社会相符的茶道的理想状态。

小林在被开除公职期间，对跃居公司经营首位的所谓的"三等要职"寄予了很大期望。他们被称为"战后派的财界人"，还被比作明治维新时期表现踊跃的安田善次郎和大仓喜八郎。小林认为战后派的财界人才是"闻名天下的革新根基"，代表着"时代的需求"。

但是，"战后派的财界人"也流露出一丝不安。这是由于日本当时正从大正时期的自由经济向"九一八事变"以后的统制经济转变，他们正处在年富力强的时期，却只能"一味地从事充当统制军部走狗的工作"。因此，即使美国前来号召着民主主义和自由经济，仍旧不知道其真实的制度如何。可以说，这有些像在战争时期与统制经济作斗争的小林一般，是对战后社会的展望。

此外，小林在战争期间还以苏维埃联邦的第聂伯河发电所为模型，在富士山麓的原野上开发电源，设立了日本轻金属，生产制造铝。战后，电源的开发在社会上广为传播，小林的经验可以说为电源开发做出了一定的贡献。[4]

在小林被开除公职期间的 4 月 24 日，运输大臣大屋晋三的特使拜访了他的府邸。大屋大臣希望小林就任 6 月 1 日成立的日本国有铁路的总裁。虽说小林还处于被开除公职期间，但他只要提交解除革职的申请书,解除手续就会自动进行。但是,小林以76岁高龄为由拒绝了大屋大臣的邀请。第一任总裁兼运输次官下山贞则在任职不久后的一次出勤途中突然下落不明,其尸体最后被人发现(下山事件)。小林在7月6日的日记中写道[5]:"若按照政府的计划取消开除,于6月1日就任第一任总裁,也许我也会和下山一样遭遇这样的不幸。"

重建东宝

小林一三倾注心血打造的东宝,在战后发生了大规模的劳动争议,经营状况显著恶化。小林曾这样讲述当时的情况:"由于共产党战后的举动,东宝被卷入到严峻的劳动争议旋涡中。我这样说并非是自满,只是在当时的业界,东宝遭受的打击是最沉重的。即使在长达半年的罢工结束后,财政赤字还是在不断增加,入场税一直处于拖欠状态,高利贷的借款额也是越来越高,甚至陷入需要支付巨额利息的处境中。最终,新东宝脱离了公司的统制,并与之形成竞争的关系,陷入完全不被世人看好的悲惨状态中。"[6]

1945年(昭和二十年)12月,一部分东宝摄影所的职工组建了东宝摄影所职工工会。1946年2月,东宝全体职工组建了东宝职工工会,在同年3月要求全面提高薪水,与公司方面形成对立，并从3月23日起展开了15天的生产管理斗争。

1946年4月，松竹与大映等公司的职工集结在一起，组建了日本电影演剧劳动工会（日映演），东宝职工工会成为日映演的东宝支部。同年9月，日映演东宝支部提出提高工资的要求，并要求公司方面承认日映演作为唯一交涉团体的地位。公司方面对其经济性的要求表示理解，但无法承认日映演的地位。最终交涉决裂，从10月15日到12月5日爆发了长达50多日的劳动大争议。

在大争议的高潮阶段，一部分与营业相关的职工从日映演离开，单独组建了东宝职工工会（第二工会）。演员大河内传次郎与长谷川一夫等人组织了反对日映演领导人的运动，一部分摄影所的职工与之步调一致，并单独组建了东宝摄影所职工工会（第三工会）。在50天的大争议期间，东宝的职工工会一分为三，公司方面则与新组建的两大工会签订了劳动协约。

在这种情况下，东宝的经营进一步恶化，陷入了自共产党进入公司以来最令人担忧的形势中。小林觉得就这么放任不管的话实在对不起股东们，因此即便自己还处于被开除公职期间，也积极参与到消灭财政赤字和共产党这两大"赤"的行动中。

1947年3月10日，田边加多丸在东宝的股东大会上成为新任社长。加多丸是小林同父异母的弟弟，是父亲甚八第二次入赘时生下的孩子。在加多丸就任社长之日，小林在日记中对其作出肯定评价。[7]

今日在东京召开了东宝大会，和预先计划的一样，由田边加多丸就任社长。如果今后组建新内阁的话，他最需要的就是勇气。

由于现在的日本不再需要资本家势力这种旧式力量的存在，只需要完备的事业经营组织，能够保证安全稳定、协力同心，以及基于满足公平分配的共荣精神的劳动力。如果公司能搭建这样理想的内部结构，利益的有无、多少等都是次要的。假如内部有想背叛此理想的叛徒，以及想破坏公司组织的反叛者，无论付出多大的代价也要将他们驱逐出去，而田边加多丸或许具备这种勇气。

小林想要以劳资协调、共荣精神为基础将东宝的经营理想化，为了实现这个理想，必须坚决将共产党员从公司内部清除出去。小林期待新社长加多丸能够拥有这种"勇气"，能够坚决实行该措施，不过加多丸本人对自己能否做到还有些许不安。

小林所讲的"共荣精神"到底指什么呢？在读完野坂参三

的著作《亡命16年》后，小林曾将读后感记录在1947年4月27日的日记中[8]："我认为，建立劳动人民能够支配的民主还不够，我主张必须建设国民全体都享有平等支配权的民主日本。这一点与共产党的阶级斗争手段、和平手段还是存在很大差别的。"小林赞同野坂主张的应该建设不仅限于劳动人民的民主，而是国民全体都能够平等支配的民主。这一主张正是小林所讲的"共荣精神"。

小林想要将共产党员从东宝彻底清除。1947年10月16日，针对东宝争议所制定的方针，他与社长加多丸以及哥哥七六、宗英交换意见并进行了"仔细的商谈"，希望七六、宗英能够"积极鞭策社长加多丸勇猛前进"，还与他们定下了协议。在当天的日记中，小林提到社长加多丸是"大好人，但不善管理他人"，而且由于其"优柔寡断"，批评他是否过于纵容劳动工会，并用激烈的言辞警醒加多丸必须按照制定的方针向前推进。[9]

像东宝这样优秀的公司如今竟落败到这般田地，是前社长大泽与第一劳动工会签署愚蠢的合同所造成的恶果。即使不得已被逼迫到如此境地，从田边加多丸新任社长之时起就该认清现实——关于这一点我主张尽快进行改革。伴随着改革，若是与第一工会起了大冲突甚至引发罢工，那就是我们的幸运，应该气势汹汹地勇猛前进。因为若不以此为契机，就算休整演出也要公开进行大改革，命运就会掌握在他们的手里。所以我们必须要有从头再来的觉悟，并利落地勇往直前。东宝改革最终若不能将第一工会的共产党员清除的话，所有努力都会付之东流。虽然我在田边加多丸新任社长之时就如此提醒过，但是他还磨磨蹭蹭，最终落入到如今这般田地，实在是遗憾至极。若是能按照我们经过协议制定的方针向前推进的话，即便会引起相当激烈的冲突，但只要凭借勇猛的心，坚信正确的主张必胜，并以这种信念来推动改革就不会有任何问题。所以，在此只祈祷他身体健康。

就这样，小林能够果断决定将第一工会的共产党员从公司内部驱逐出去，而社长田边加多丸却做不到。因此，在1947年12月27日接近日暮时分，小林坚决地进行了董事阵营的大幅度调整，新社长由渡边铁藏担任，加多丸则退居会长一职。在决定人事变动当天的日记中，小林是这样记述的："关于东宝的改革，从田边加多丸新任社长不久开始，我大概劝告过他不下几十次，要断然实行改革。我一直以来都知道他是一位小心翼翼的人，但不承想直到今日，他还是没完没了地优柔寡断，观望不止。清楚看到他这段时期的慢性子之后，我彻底明白了他没有智慧，缺乏决断力，甚至没有胜任东宝社长之位的能力，因此不得不放弃他，实在遗憾。"[10] 小林看清楚田边加多丸的能力后感到很失望，才决定将东宝托付给渡边。

新社长渡边为了谋求重建东宝，发表了"企业革新要领"，想要将人事权和经营权都收回到公司这边。但是，新社长渡边也不合小林的意。根据他在1948年2月15日的日记我们可以了解到，新社长渡边在前往大阪的芦屋吊唁平泽真时，曾拜访过小林的住宅，并与小林一起吃了午饭。在午饭期间，小林主张东宝的改革"若不以猛烈的斗争态度前进，必定实施不了"，但在渡边看来，他"希望无论如何也不要舍弃通过和平协商这种简单的方针来解决问题"。因此小林"很严厉地批判了渡边"，据说渡边在"说完'来到大阪后，受到您的教诲实在很感激，多谢款待'后便回去了"。[11]

1948年4月8日，东宝为了推进企业的合理化再建，公开声明将坚决整顿1200名职工。小林通过无线电广播了解到工会方面提议双方相互妥协并进行协商，他在4月9日的日记中记述道："根本性改革只进行到这种程度的话是行不通的，如果不够决断，不进行斗争性清扫，东宝一定会坍塌。"[12]

小林一贯主张应以坚决的态度将共产党员驱逐出去，但由于自己已是被开除公职之身，不能直接参与到改革之中，只能焦躁难耐地旁观。小林后来曾如此讲述过当时的心境："碍于流放之身，我只能在一旁干着急，提心吊胆地看着这场改革。"[13]

自 4 月 16 日起，以坚决整顿人员为契机，载入史册的东宝大争议开始了。争议大概持续了半年之久，于 10 月 19 日双方相互让步达成协议才最终结束。在这段时间里，由于日映演在摄影所的周围设置了路障，并固守在里面，所以为了让他们从这里离开，政府下达了临时处置的决定，出动了大约 1800 名警官，以及占领军、宪兵、战车、吉普车、卡车，甚至还出动了飞机，据说当时"只差没派军舰过来"。

这么一来，长达半年之久的争议便就此结束，东宝的经营也随之落入到最低谷。1947 年 7 月，田边加多丸就任社长时期，东宝便出现了 1095 万日元的赤字，进入到无红利状态，直至 1951 年 7 月一直持续着赤字经营。在这段长达 5 年左右的时间里，东宝一直处于既无亏损也无红利的状态[14]，造成赤字的要因之一在于它和新东宝的关系。

1946 年，在东宝大争议期间，新东宝电影摄影所股份公司成立。随后，在 1947 年 12 月，以东宝社长渡边铁藏提出的"企业革新要领"为基础，拥有 400 万日元资本金的新东宝股份公司成立。该公司继承了新东宝电影摄影所的制作设备、器材以及公司职员。

在东宝大争议结束后不久，东宝与新东宝于 1949 年 3 月签订了一项合约，即原本分配给东宝的所有作品都委托新东宝去制作，而新东宝制作的所有电影则必须委托给东宝发行。然而，1950年1月，新东宝设立了新东宝分配公司，并决定将新东宝公司的作品全部委托给该公司发行。因此，放弃了自主制作的东宝陷入失去所有作品发行权的困境之中，赤字持续增加。说起来，东宝的渡边社长虽然成功平息了与共产党"赤旗"的斗争，但还是没能解决"赤字"问题。因而他于1949年12月辞去社长一职，由会长米本卯吉继任。之后的1950年9月，又由小林的长子富佐雄就任社长，富佐雄以促进企业再建、公司内部革新和经营健全化为目标展开经营。

被开除公职的小林，无法全面参与到东宝的经营再建中。在他1950年10月13日的日记中这样记述道："有10090人被解除了开除处分，不过我好像并没有在解除名单之列，原因不详"，从中可以感受到小林因不能解除革职，多少有些着急。[15] 根据其1951年6月4日的日记，在面对新闻记者的提问时，小林的回答如下："解除革职后，我想担任东宝的顾问，竭尽全力促进东宝重建。至于其他的事情，我既没有考虑，也没有任何意见。"[16]

1951年8月6日，小林在刚刚解除革职的第二天就成了东宝的顾问。接着，在9月28日，小林让现任社长，也就是其长子富佐雄辞职，自己于10月4日就任社长。他这样记录当时的心情："回到东宝后，切身感受到自己人生中第一次成为负债之人。迄今为止我都在不断创造利润，如今却因为10亿赤字不得不对银行卑躬屈膝。如果只是银行的话还好，更过分的是还要对高利贷俯首帖耳，感觉已经没脸走在东京的大道上。明明很多人过去都能保持盈利，实在感到很难为情。"[17]

表1-9 东宝的营业成绩（单位：万日元·%）

年份	资本金	收入	支出	盈亏	红利率
1932	170	1	0	1	—
1933	170	0	0	0	—
1934	170	145	131	13	5.0
1935	340	275	253	22	10.0
1936	440	577	527	49	10.0
1937	485	781	718	62	11.0
1938	692	851	772	77	11.0
1939	692	959	870	87	11.0
1940	692	1309	1226	81	10.0
1941	692	1439	1284	154	8.75
1942	692	1486	1396	90	9.0
1943	692	1955	1818	135	9.0
1944	1142	3386	3050	336	8.5
1945	1892	4284	4036	247	7.0
1946	1892	13437	13133	304	5.5
1947	4000	53182	54004	△822	2.5
1948	12000	119160	124392	△5231	—

203

续表

年份	资本金	收入	支出	盈亏	红利率
1949	36000	237777	240107	△2330	—
1950	36000	251298	326661	△75362	—
1951	36000	222841	223343	△500	—
1952	36000	310719	307011	3708	—
1953	72000	409164	380993	28170	15.0
1954	72000	553398	522054	31343	15.0

［注］中川公编[1954]，《东宝二十年史抄》（同公司）56页。

［注］东宝的结算日一般在1月及7月，这里以年为单位统计。

如表1-9所示，小林复任社长之后，东宝的业绩便急速恢复，在1953年1月份就已经恢复到了15%的红利。[18]恢复的主要原因有经济转向繁荣，以及小林个人的良好信用等。在这种情况下，小林坚决实行了通过固定资产的再评估，以及增加资本充足自有资本，调整与新东宝的关系等措施。1952年9月，为了调整与新东宝的关系，小林将田边宗英派到了新东宝，令其担任会长。1953年2月，田边担任新东宝的社长。此外，当时东宝滞缴应交给国家的巨额入场税，并挪用公司内部未缴纳的入场税，小林制止了这一做法。

1952年10月16日，小林复任东宝社长后不久，从羽田机场出发前往欧美，踏上了为期约两个月的视察之旅。1954年11月，小林迎来了东宝创立20周年，根据这次视察的成果，他对东宝的未来作了如下发言。[19]

我于昭和二十七年10月16日从羽田出发，踏上了为期约2个月的欧美视察之旅。期间在美国看到立体电影时，我感到非常震惊。当时还没有戴着眼镜观看的3D电影，没有FOX公司的西尼马斯科普系统宽银幕电影，也没有派拉蒙影片公司的全景宽银幕电影。如果东宝一直维持现状的话是行不通的，我想配备可以上映新电影的电影院和摄影所，还想制作可以长期上映的优秀电影。为了电影的未来，希望可以妥善处理并完善所有设施，如果能做到这一点，那么在全国都拥有优秀剧场连锁的东宝将不会改变其原有方针。

换言之，我想进一步推进平时提到的百馆主义。我在全国拥有百余所优秀的电影院，电影的制作费用包括给这些电影院进行配售的费用。理想状态是以后若想上映电影，请先到我们公司总部或分部的事务所进行协商，能够为我们提供最便宜、在竞争中无往不利、几乎免费的价格。今后我也想继续积极参与剧场的建设。南街剧场在去年年末就已经开业，位于上野的剧场也开始着手建设，将稳步建成上野东宝剧场。接下来我还想参与到新宿、横滨等地的建设工程中去。重整摄影所，将其打造成当代之物，制作能够长期上映的优秀电影的同时，为全国的优秀剧场配备最新式的上映设备，使其既能上映优秀的外国电影，也可长期上映优秀的本土电影。这些事情都要由演出部门仔细敲定。

小林的"百馆主义"是不可动摇的。在复任东宝社长满4年后，小林终于有时间回顾过去20年的风风雨雨，畅想东宝的未来。

开始设立宝塚新艺道场

小林是在1951年（昭和二十六年）8月6日才被通知解除革职的，而在上一年的11月3日，他就已经创办了宝塚新艺道场（1951年11月改名为宝塚新艺座）。为了吸引人们前往宝塚大剧场，第二剧场（即大剧场）开始公开演出，自上午11点起，观众便可免费入场观看各种演出。这和过去为了增加宝塚新温泉的浴客数量，提供免费观看少女歌剧的服务是同一道理。就像少女歌剧作为戏剧演出实现自立一样，新艺道场也被期待着能作为新艺能集团不断成长壮大。构思建立东宝新艺道场的宝塚歌剧理事长引田一郎，曾这样讲述过自己的抱负。[20]

从11月起便开始改造小剧场，将其改名为宝塚第二剧场，然后再创办宝塚新艺道场，每天上午11点以后便免费开放。回想起来，宝塚少女歌剧在创办之初，也是作为新温泉的余兴节目，向客人免费开放。我们想要将小众、有趣、值得欣赏的新艺道场打造成艺能百货商场。经过日积月累，也许这里能有优秀男性可以加入的歌剧团，从没有任何名人在此诞生的小剧场到可以推荐优秀歌手、舞蹈家、艺人、音乐家等的艺术殿堂。宝塚中剧场作为宝塚电影剧场，首次以"东京的门"作为首轮放映剧目，踏上了新的征程。之后，进一步改造中剧场的后台，组建宝塚文化俱乐部（临时称呼），开办高雅的夜总会。

战后的宝塚，被认为是"穷途末路，奄奄一息"，前途不容乐观。在这种情况下，小林是这么评价引田的[21]："我在仔细考虑之后，对引田先生的深谋远虑感到震惊。他列出了各式各样的可行性计划，数都数不清，而且这些计划并非只是口头上说说，如果能够真正实现，我相信宝塚有可能会再现战前的生机与活力，对此我感到无比欣慰。"小林还经常去听宝塚新艺座的演讲，但他严厉批评这些演讲："大都是低级的，让人困惑。"但另一方面，小林对新艺座还是寄予了厚望，[22] 他认为："想要将这些打造成纯洁、正直、美丽、高雅且面向大众的作品，需要花费很多功夫。我还不至于完全失望，希望对新艺座能像对帝剧一样随意提出要求，让它不断进步。"

最终，宝塚新艺座的发展与小林所期待的完全相反。宝塚新艺座作为全面发展喜剧的剧团，一直演出到1972年8月。

在宝塚音乐学校举办的葬礼 1957年 84岁

小林在其逝世的前一年，1956年11月29日还在访问新艺座。

突然的离世

1955年（昭和三十年）9月25日，小林辞去东宝社长一职，退居顾问，由其长子富佐雄就任社长。在实现东宝的经营再建后，他便正式将社长之位让给长子，此时的小林已经82岁了。

但小林的事业劲头并没有随之衰减。这一年的11月4日，小林在东宝总部召开了新宿巨蛋·体育场的发起人创立大会，在 11 月 7 日的 11 点还举行了体育场的破土典礼。1956 年 2 月 16 日，小林创办了新宿巨蛋·体育场股份公司，就任该公司的社长。在这一天的日记里，小林讲述了自己在这一新事业上的抱负[23]："10 点在东宝的地下食堂召开了新宿巨蛋·体育场的创立大会，大会上任命了预定董事，并推选我为社长。日常工作还是交由年轻的新人去做，我想指导这些新人，为他们打造新式经营的学习模板。"

小林在 1956 年 4 月 2 日创办了梅田巨蛋·体育场股份公司，并担任该公司社长。梅田巨蛋·体育场在 16 日竣工开业，新宿巨蛋·体育场则在 28 日竣工开业。

与小林相关的多家公司赠送了一座他自己的半身像，赠送仪式于 1956 年 12 月 27 日在东京会馆举行。小林在 28 日出席了新宿巨蛋·体育场的开场典礼，进行了发言。30 日乘坐特急电车"燕"返回大阪，在第二天听取巨蛋·体育场 11—12 月期间的业绩报告，知道成绩比预想的要好很多，小林才放下心来。

新年过后的第 4 天，小林便投身到工作之中。他在这一天去了一趟东宝，还在巨蛋·体育场转了一圈之后才回家。只要看小林的日记便会了解到，直到 1 月 12 日为止，他总是因为一些要事需要外出。但自 1 月 13 日起，别说外出了，连日记记述的内容也变得极其简单，只有日期和天气，20日以后甚至连这些内容都没了。小林正是在这几天之后离世的。

小林一三于1957年（昭和三十二年）1月25日夜晚11点45分安静地离开了，结束了他84年的人生，死因是急性心脏病哮喘。各大新闻社都以各种各样的形式报道了小林的逝世。《读卖新闻》（1957年1月26日）在其"读卖短评"专栏里，对小林的一生作了如下评价。[24]

将比手推车要好一些的箕面有马电气轨道打造成今日的大阪急铁，还有宝塚少女歌剧、铁路沿线住宅地、位于终点站的百货商场、娱乐中心……小林各种各样的创意造就其多角度的经营，小林逐渐被人称为大阪的"今太阁"。他不遗余力进军东京，从少女歌剧出发，大力打造东宝的演出和电影，并在丸之内的正中央建立了一条大型娱乐街，与大谷先生的松竹平分天下。价格极其便宜的百货商场的开张让东京人大吃一惊，位列"甲州山猿"系谱的经营天才，大臣落第等都只是些许附录。从福泽谕吉那里学到的商人精神与大阪人合理主义的商业气魄相互融合。最值得一提的是他敏锐、新颖的直觉，以及旺盛的事业欲望，在上了年纪后乘坐阪急电铁时，还不忘给电铁提出修改意见，这种真诚的态度贯穿小林一生。小林最后的事业——巨蛋·体育场，它像转动着的陀螺一样的机动力量和立体性，正象征着小林的人生与梦想。

从1月31日下午2点起,小林的葬礼在寄托了其希望的宝塚大剧院举行,由宝塚音乐学校主持,京阪神急行电铁的社长佐藤博夫担任葬礼委员长。大剧场的舞台被作为祭坛,身穿带有家徽的黑色和服和绿色裤裙的300多位学生,以及3000多位财界、电影界、演出界的相关人员参加了小林的葬礼。

这一天的宝塚冷雨霏霏,雨中还夹杂着细雪。为了表达对宝塚缔造者的敬意,沿路的土特产商店全部关门为其服丧,从宝塚新温泉的入口到大剧场附近一带挂满了黑白帐幕。舞台上缀满了全白的花朵,而在花朵的正中间挂着小林生前的照片,照片中的小林温和可亲。由宝塚管弦乐队在会场演奏贝多芬的《英雄交响曲》,丧礼进行曲静静地回荡在整个会场。小林灵前摆放着歌颂他生前功绩的正三位勋章一等瑞宝章(译者注:日本授予有功于公众者的勋章。勋位分为一等至八等),以及刻着"大仙院殿真觉逸翁大居士"字样的牌位。现场座无虚席,只有小林生前观看演出时常坐的"23号"席位空着。3月8日,东京的财界、电影界、演出界的相关人员在东京宝塚剧院召开了追悼仪式。

注释：

1 小林一三 [1991]，《小林一三日记》第2卷（阪急电铁）242页。
2 小林一三"我的人生观"《全集》第1卷236页。
3 小林一三"新茶道"《全集》第1卷372页。
4 上述"我的人生观"《全集》第1卷237—240页。
5 上述《小林一三日记》第3卷77页。
6 小林一三 [1945]，"东宝创立20周年之际"中川公编《东宝20年史抄》（东宝）3页。
7 上述《小林一三日记》第2卷494页。
8 同上，508页。
9 同上，543页。
10 同上，562—563页。
11 同上，578页。
12 同上，603页。
13 上述"东宝创立20周年之际"3页。
14 三宅晴辉 [1959]，《小林一三》（日本书房）286页，上述《东宝20年史抄》56页。
15 上述《小林一三日记》第3卷233页。
16 同上，312页。
17 上述"我的人生观"《全集》第1卷236页。
18 上述《小林一三》287页。
19 上述"东宝创立20周年之际"5页。
20 引田一郎"杂感后记"《歌剧》1950年11月（伊井春树 [2015]，"宝塚新艺座的创设——小林一三在新演剧方面的想法"《阪急文化研究年报》第3号[阪急文化财团]20—21页)。

21　同上，21页。
22　上述《小林一三日记》第3卷278页。
23　同上，688页。
24　本书是根据小林一三老先生追想录编撰委员会编《小林一三老先生的追想》中，于1980年发行的抄录版365页。

第二部 论述

**大众本位事业与经营手法
独创新商法——暗流之下的事物**

I 小林一三的经营手法

都市型第三产业的开拓者

以第一次世界大战（1914—1918）为契机，日本大力推进重化学工业化和城市化进程，正式成为工业国家。1919年（大正八年）的农业生产总额为41.6亿日元，工业生产总额高达67.4亿日元，第一次超过了农业生产总额。虽说还不能像福特那样真正地进行批量生产，但也终于在日本看到了大量生产、大量消费社会诞生的萌芽。

自明治维新以来，日本就打着"富国强兵""殖产兴业"的旗号，快速实现了工业化，而推动工业化进程的工业主要有制丝业、纺织业以及煤炭产业。第一次世界大战之后的日本与产业革命时期的日本有着明显的不同，其工业化上升到了一个更高的阶段，近代产业中，重化学工业的比重增加，全国各地都在推进电源开发。正如罗斯托（Walt Whitman Rostow）所说，日本正从"起飞期"（Take Off）向"进入成熟期"（Drive to Maturity）的阶段迈进，产业多元化的同时，人们的社会生活也向多样化发展。

在东京、大阪等大城市出现了一个新群体，他们在政府机关、银行、公司等单位工作，是领取薪水的被雇用者，也就是人们所说的工薪阶级。女性不再像从前那样只是作为工场职工（女工）参加工作，还可以成为电话接线员或打字员等公司职员，成为教师或护士的女性人数也在增加，她们被称为"职业女性"。耸立在大城市繁华街道上的百货商场，摆放着从西服到肥皂等大量的消费物资，而且这些物资都是明码标价的。百货商场成为市民们享受自由消费的购物"天堂"，大众消费社会正在慢慢成形。

这些工薪阶级和"职业妇女"是被称作"新中产阶级"的知识阶层，他们在城市里组建自己的家庭，爱好合理且有文化韵味的生活，懂得享受闲暇时光，大多还热心教育。《周刊朝日》《Sunday 每日》等周刊杂志得以发行，在《文艺春秋》及《王》等月刊杂志中，有的甚至可以卖出数十万册。预约出版的《现代日本文学全集》在全社会引发了"一日元书热"。

在"大米骚动"（译者注：以米价暴涨为导火线发生的民众暴动）后的1918年9月成立的原敬内阁，是日本最早的正式政党内阁，倡导实行积极的财政政策，标榜充实军备与发展教育，促进铁路建设。要求成立普选法的普选运动也正在积极进行着，出现了和明治时期完全不同的政治情形。东京帝国大学的教授吉野作造提倡的"民主主义"，成为大正民主主义的先锋。

小林一三就是在这种社会背景下，主导创办了箕面有马电气轨道（之后的阪神急行电铁），并在经营梅田—宝塚之间以及箕面—石桥之间的电铁的同时，开展了销售铁路沿线住宅地和住房，经营剧场、百货商场等多方面的事业。津金泽聪广把这些举措称作宝塚战略，并作了如下说明。[1]

由小林一三提出的宝塚战略，不仅为后来的私铁经营提供了发展原型，还大大改变了日本人的文化生活以及都市娱乐的理想状态，甚至可以说是小林让这些转变为一种常态。当今被看作是都市消费的众多文化、生活方式，在一定程度上是根据宝塚战略衍生出来的，至少该战略持续为现代日本人的大众消费类型以及娱乐方式提供雏形。

除此之外，小林还在东京电灯和东宝的经营上大展身手。小林参与的都是以在大正民主主义期间兴起的"新中产阶级"为对象，总括为"都市型第三产业"的事业，他是都市型第三产业的"开拓者"。

几乎与小林处于同一时期的堤康次郎，也作为积极参与到

"都市型第三产业"的企业家而闻名于世。堤康次郎积极开发轻井泽和箱根，并参与到目白文化村与国立学园都市的建设中，同时将武藏野铁路、旧西武铁路、骏豆铁路等收归自己名下，还设立了武藏野百货商场（现西武百货商场）。不过，小林事业的出发点是铁路事业（箕面有马电气轨道，现阪急电铁），而堤康次郎的出发点是不动产事业（箱根土地公司，以及后来的国土开发）。[2]

连锁式经营

在1913年（大正二年）创办了面向投资家的经济杂志《钻石》，并以独特视角观察财界的石山贤吉是小林一三的知音。石山在《小林一三老先生的追想》中写过一篇名为"追慕小林先生"的文章，内容如下。[3]

小林先生于昭和三十二年1月25日逝世，到今日为止已经4年了。但是，我并没有感受到时间的流逝。虽然小林先生的肉身已经毁灭，但他的精神将会永存，因为先生的教诲一直在我的脑海里回旋。先生也许没有意识到他是我们的老师，我们不断地从他那里获取知识。

1937年8月，石山出版了一本内容非常有趣的书，名为《事业与这个人的风格》，他在该书的"序"中写道：就像在戏剧中存在"艺人的独特风格"一样，经营者在事业经营中也会有独特的风格。换言之，就如"人无完人"这句谚语，艺人其实都有各自的"习惯"，而这个"习惯""自然地显现在演技上，就会成为一种风格"，那就是"艺人的独特风格"。艺人如果可以把自己的"独特风格"最大限度地发挥出来，就能演绎出"最佳艺术"。同样，经营者若能把自己的"习惯"顺利应用到事业经营上，他的事业也一定能取得显著发展。[4]

石山以这种思维方式，选出以小林为首的武藤山治（钟渊纺织）、藤原银次郎（王子制纸）、野间清治（讲谈社）、牧野元次郎（不动储蓄银行）、大河内正敏（物理化学研究所）、相马爱藏（中村屋）、加藤清二郎（须田町食堂）等8名经营者，围绕他们展开讨论，并将他们的经营手法分别命名为"小林式阪急型""武藤式钟纺型""藤原式王子型""野间式讲谈社型""牧野式不动储蓄型""大河内式理研型""相马式中村屋型"以及"加藤式须田町型"。然后还将小林的事业经营法命名为"连锁式经营"，这大概是因为石山有双慧眼吧。

就像在本书第一部中探讨的那样，小林在1910年创办了箕面有马电气轨道之后不久便开始经营作为该公司附加事业的铁路沿线住宅地、住房的销售，电灯、电力的供给，新温泉、动物园和百货商场。除此之外，还开展了东京电灯、第一酒店、东宝等事业。在石山看来,"这些事业乍一看各不相同,但究其根本就会发现,它们都是从一个事业发展而来的,就像从一个枝杈上长出来的新枝杈,然后变成其他事业"。[5]

因此,小林并不是突然开始某项事业的,而是经过一定程度的"训练"(准备期)后才开始的。举个例子,阪急百货商场位于铁路的终点站,以给铁路沿线居民供给日用品为目的,而这些都是从铁路和住宅地开发事业派生出的新事业。小林并不是直接开始经营该百货商场,而是先把店铺租给白木屋,让白木屋开一个小商店,并暗中调查在梅田站成立百货商场是否合适。根据调查结果,认真分析其经营成果后,才决定创办阪急百货商场。

东京宝塚剧院在创办之时,也与阪急百货商场一样。小林先在帝国酒店的前面建设东京宝塚剧院,然后又在宝塚的前面建设日比谷电影剧场,甚至还合并了日本电影剧场,转眼间就在丸之内建设了一条演出街(娱乐中心)。这一切看起来就像电光火石般神速,但其实早在十多年前小林就已经考虑让宝塚歌剧团进军东京,"事先做好准备,等待时机成熟",然后将计划付诸实践。据说在建设东京宝塚剧院时,剧院的设计足足改了27回。石山认为"小林的耐性之强非同寻常","将甲州人的特征尽数发挥了出来"。[6]

大众本位事业

小林一三参与的事业有电铁、娱乐、百货商场、电灯、酒店、演出等，不管哪一项都是"大众本位事业"。年轻时的小林是一个文艺青年，每天过着写写小说、看看戏剧的日子，如果机会合适的话，他甚至想成为一位"有一定地位的文士（小说家）"。小林是在经历这些之后才成为实业家的，所以他对"大众的心情，大众的动向"非常感兴趣，对接待客人的行业也很上心。因此才会在平时考虑"应该如何接待乘坐电车的乘客，又该如何应对百货商场的顾客，戏剧应该怎么做才会吸引顾客"等问题。

据说小林只要在梅田站的站台上站 20 分钟左右，就能大致推断出客人的数量及收入情况；只要来回乘坐一次电车，通过电车里擦肩而过的人群的拥挤程度，就能知道大概会有多少收入；只要看一下电影院的外部，就能清楚会有多少收入；即使是百货商场，也只要从地下直接上到 8 楼，再从 8 楼一层层地下来，就能大体推测出当天的营业额。对于小林来说，"大众本位事业"既是兴趣，也是工作。

像演出、食堂等以大众为服务对象的事业被叫作"酒水生意"，保守的实业家将它们视为危险行业。做"酒水生意"的

阪急百货商店 1932 年

东京宝塚剧场 1934 年

人都梦想着一夜暴富，进展不顺利的话便会毫不犹豫地乘夜外逃，有着演出业者以及投机商的特点。小林却把这种酒水生意视为"大众本位事业"，将其作为一种事业确立下来。在他看来，没有比"大众本位事业"更安全的事业了。[7]

虽说如此，无论是电铁还是百货商场，我自己的工作都属于大众本位的工作，没有比大众本位事业更安全的生意了。每天从大众那里获取现金的生意不存在赖账的情况。即使没有生意，只要把握好前进的大方向就行了。我坚信没有比大众本位的工作更安全的工作了。不过，安全的生意的收益率理所当然会比较低，这和公债的利息比较低是同一道理。不管是电铁、百货商场还是演出，这种把获取剩余收益作为目标的行为都是错误的。如果从赚钱这方面来考虑的话，可以从事一些新事业，比如生产人造丝，可惜我并没有这方面的知识。但是，在以大众为对象的生意方面，就像前面讲的那样，因为我拥有30年的经验和知识，所以可以判断出哪些东西好，哪些东西不好。

换言之，在小林看来，比起追求剩余收益，留心稳妥的利益才是最重要的。不管是电铁、百货商场还是剧场，"如果都以顾客为本位实现廉价销售，这样的经营不可能取得丰厚的剩余收益"。因此，小林"经常为了满足顾客的需求，想尽办法提供物美价廉的商品，从不考虑像投机商那样牟取暴利"。[8]小林将电铁、百货商场、剧场等事业都成功打造成了"大众本位事业"。

有 10 步远见的大阪商人

小林一三在其自著的《歌剧十曲》的开头语中写了一篇名为"谨将此书献给岩下清周老先生"的文章，内容节选如下。[9]

我记得您经常这么对我说："有 100 步远见的人会被当作疯子，有 50 步远见的人大都成为牺牲者，而有 10 步远见的人才会成为成功者，但现在还看不清的人则会成为落伍者。"

这是小林对因所谓的北浜银行事件而下台的岩下清周所作发言的重新记述。北浜银行的行长岩下清周推动了开通大阪电气轨道（现近畿日本铁路）中横亘在大阪—奈良之间的生驹隧道这一艰险工程。大阪电气轨道的社长是加岛银行的行长广冈惠三，专务董事是岩下。承包该项工程的大林组（社长是大林芳五郎）是深受岩下信赖的土木业者，而隧道工程所需的电力由箕面有马电气轨道的三国火力发电所提供，小林以此表示对岩下的支援。

没过多久，吉弘白眼领导的《大阪日日新闻》开始刊登批判生驹隧道建设的报道，社长广冈在此之后便辞职了，由岩下继任大阪电气轨道的社长。不过，"大阪日日"并没有因此停止对岩下的批判。生驹隧道于1914年4月18日开通，也正是在同一天，北浜银行发生了挤兑事件。最终，岩下在1915年2月被监禁，还被问罪是否有渎职、贪污、伪造文书的行为，北浜银行也被迫在这一年的8月19日停业整顿。

岩下倒台的原因在于他看得太远。理想固然珍贵，但作为实业家必须要认清现实，特别是股份公司的经营者，因为要调和理想与现实之间的差距，所以必须要格外小心。事业取得成果并非一朝一夕之事，但每半年就需要进行一次股利分红。虽然岩下深刻认识到大阪与奈良之间交通的重要性，在每半年的股利分红上却存在思虑不周的地方，也正是因为如此，他不得不从实业界隐退。

小林就是这样总括北浜银行事件的，其中还引用了岩下的发言。在事业经营方面，他再次认识到"调和理想与现实"的重要性。

小林虽说是山梨县韮崎镇出身的甲州商人，但在后来经营电铁公司之时，他逐渐定居大阪，成了大阪的实业家。他主张"大众商法"的革新性和"日钱产业"的经济合理性，但该商法无法与传统的关西商法相融合。在江户时期就是"天下厨房"的大阪，批发商与买卖中间人之间的"同行交易"成为商业的主流。因此，小林的"大众商法"可以说是在挑战传统的关西商法。[10]

虽说如此，小林在将东京与大阪的事业作比较时，曾这样讲过："大阪的实业家是彻头彻尾的实业家，而东京的实业家则并非如此。说起来他们既是实业家，也是政治家，甚至可以说是社交家。大多数人都与当时的权贵有着千丝万缕的关系，并不像大阪的实业家那样纯粹地投身事业。"[11] 小林在1927年参与了东京电灯的经营，出于需要便经常访问东京，因此他可以对东京和大阪的事业进行比较。

关于这个问题，小林还有补充。当他想要在东京发展事业时，曾讲过"必须多少利用一下政治一类的东西"。但是，大阪的政治与事业是分开的，"只要孜孜不倦地做好本职工作，取得好成绩，事业就会自然而然地发展壮大"。即使作为专务或董事从东京来到大阪，一失去这个地位就只能立刻撤回东京。东京是"贵族""无职军人""无职官吏""学生"等消费人口的聚集地，这么一来，本所和深川地区虽是"工业地"，但大部分也都是"消费地"。东京可以说是"由消费金钱组成的城市"，而且"这个消费地的金钱使用是非常随意的，是一群不知道金钱宝贵的家伙的聚集地"。

另一方面，"大阪并非消费地，它是生产之地"，"因为勤勤恳恳拼命积攒下来的钱实在是来之不易，即便是在使用上都会分外留心"。正如小林所言，比起东京，大阪的"人们更加认真严肃"。[12]

小林的"大众商法"，不用说都知道是针对大阪的事业。他勇敢地挑战传统的关西商法，积极应对从明治末期到大正时期形成的"大众消费社会"的状况，孕育出被称为"小林式"的新关西商法。

注释：

1　津金泽聪广 [1991]，《宝塚战略——小林一三的生活文化论》（讲谈社现代新书）22页。

2　老川庆喜 [2001]，"小林一三与堤康次郎——城市型第三产业的开拓者"佐佐木聪编《日本的企业家群像》（丸善）133—134页。

3　石山贤吉 [1961]，"追慕小林先生"小林一三老先生追想录编撰委员会编《小林一三老先生的追想》（阪急电铁）57页。

4　石山贤吉 [1937]，《事业与这个人的风格》（千仓书房）1—2页。

5　同上，3—4页。

6　同上，4—6页。

7　小林一三"我的生活方式"《全集》第3卷180—182页。

8　同上，182—184页。

9　小林一三 [1917]，《歌剧十曲》（宝塚少女歌剧团）5—6页。

10　作道洋太郎 [1997]，《关西企业经营史的研究》（御茶的水书房）308—309页。

11 上述"我的生活方式"《全集》第3卷86页。
12 同上,90—93页。

II 日本式私铁经营的原型

独创性电气铁路经营

1910年(明治四十三年)3月10日,小林一三创办了箕面有马电气轨道公司。他在经营梅田—宝塚之间和石桥—箕面之间的电铁业时,还销售铁路沿线住宅土地及住房,供给电灯与电力,经营娱乐场所(箕面动物园、宝塚新温泉)等副业。电铁公司兼营住宅与土地开发、流通、娱乐、观光等事业,这在日本私铁里并不少见,这种私铁经营原型的创造者正是小林一三。在此,我们先探讨一下箕面有马电气轨道(阪神急行电铁)的经营实况,走近去看日本型私铁经营的真实情况。

在1910—1914年这5年里,箕面有马电气轨道的营业收入如表2-1所示。开业之初(1910年3月10—31日)的乘客人数是144159人,旅客收入是19139日元。在这期间,有10日是晴天,12日是雨天,天气不好的情况下旅客数量也不多。而且,使用纪念开业而发放的免费乘车券的乘客比较多,相较乘客的比例，收入并没有增加。

表 2-1 箕面有马电气轨道的营业收入（1910—1914 年度）

年度	运输收入（日元）			附加事业收入（日元）				
	旅客	货物	合计	土地·住宅	电灯·电力	动物园	新温泉	合计
1910	-	-	373559	96221	15066	5896	-	117183
1911	-	-	505667	250948	43538	16521	22884	333891
1912	505019	15839	520858	131178	120557	12956	30270	294961
1913	484864	19093	503957	158503	127559	9248	28476	323822
1914	408576	26091	434667	91041	101777	4983	16853	214654

［注］箕面有马电气轨道股份公司《营业报告书》各期。
［注］1912—1914 年度的"土地·住房"是"土地部"的数据。

从 1910 年起乘客人数的变动如图 2-1 所示，1914 年有些许减少，但在此之前都保持着上涨的趋势，1913 年甚至超过了 550 万人。为了吸引乘客，箕面有马电气轨道在开发以池田室町为首的沿线住宅地的同时，还在箕面开设了动物园，在宝塚开设了新温泉。最初由于来不及配备游乐园，再加上天气状况一直不好，乘客的数量并没有增加很多。但是，正如在《第 8 回营业报告书》中记述的："自去年 3 月开业以来，伴随着沿线新建住房数量的激增，以及各种设备的逐渐完善，再加上箕面动物园的完备和宝塚新温泉以及箕面礼堂的落成，乘客数量显著增加,取得了很好的成绩",可知在1911年的上半年就成功实现了最初的计划。此外,自1911年10月起,为了弥补"冬季旅游3个月淡季的减收",箕面有马电气轨道开始运营货物运输,运输的货物为郊外居民需要的日常生活物资以及住房建筑材料。[1]

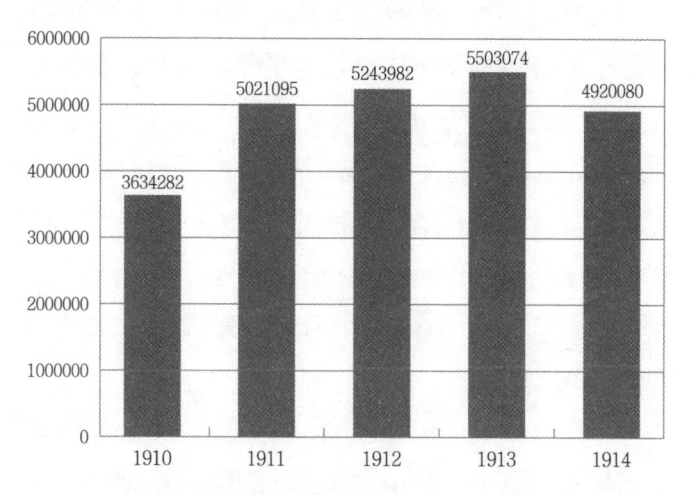

图2-1 箕面有马电气轨道的乘客数量(1910—1914年)(单位:人)

年份	乘客数量
1910	3634282
1911	5021095
1912	5243982
1913	5503074
1914	4920080

[注] 箕面有马电气轨道股份公司《营业报告书》各期。

1912年下半年,受到"米价暴涨,利息暴升等不景气因素的影响","金融界变得萎靡不振",箕面有马电气轨道的乘客数量也在减少。由于在明治天皇去世后行事需要谨慎小心,因而没有采取积极的招徕乘客的政策，导致了旅客数量减少。但因"郊外居民的数量激增以及平时客流不断"，12月之后的乘客数量大增。箕面有马电气轨道方面认为"今后铁路沿线的开发会由于土地住宅经营的完备而获得进一步的发展"，开始对铁路沿线住宅地的开发寄予厚望。[2]

1913年上半年，在宝塚新温泉的"伊甸园"举办了妇人博览会，能势电气铁路开始运营，丰中的大运动场上还举办了庆应义塾对美国斯坦福大学的棒球比赛。[3]这一年的10月17日到19日3天时间里，在丰中运动场举办了由《大阪每日新闻》主办的日本奥林匹克大会。虽说这是一场为3年后的柏林奥运会热身的竞技会，但在这3天时间里却出现了"空前盛况"。[4]由于在铁路沿线举办了各种各样的活动，箕面有马电气轨道的乘客数量随之增加。

1914年第一次世界大战爆发，日德两国断交，旅客数量越发减少。但是，沿线的郊外居民人数却在持续增加，使用联票和定期车票的人也相应地增加了。《第15回营业报告书》（1914年下半年）中关于这一点是这样记述的。[5]

　　幸运的是，铁路沿线是理想的郊外生活地，居住人数每年都在增加，这说明铁路可以取得坚实稳定的发展。

　　近几年经济的持续不景气闹得人心惶惶，出现了意志消沉的状况，无法阻止旅客人数的锐减。因此，在经营方针上，尽量避免修建只能一时吸引旅客的设施，还要尽量节约经费，通过持久的隐忍来渡过难关，有朝一日定能挽回大势，希望在此之前不要出现疏漏。

综上所述，箕面有马电气轨道的旅客数量增加的主要原因有：箕面动物园与宝塚新温泉等游乐设施的充实，铁路沿线举办的各种各样的活动，郊外居住人数的增加等。接下来就让我们来详细了解该公司铁路沿线的土地、住房的经营以及电灯、电力的供给事业。

土地·住宅的经营

小林一三考虑到箕面有马电气轨道的经营如果只靠电铁是很难维持下去的，便在铁路沿线开发住宅地，还建设动物园、新温泉等娱乐设施，以便吸引更多的乘客。到1909年（明治四十二年）上半年为止，箕面有马电气轨道在市内收购了897.73坪土地，在市外收购了259794坪土地，这些土地都用作新建住宅地。市内的收购价格是每坪21.843日元，市外是每坪1.2日元。箕面有马电气轨道考虑到将这些用作住宅地经营较为便利，便将土地分成10个区。从第8区的池田车站附近的3万坪左右的土地开始施工，在进行整体的垫土和排水工程的同时，还计划在轨道开业之日实现全部标准住房建设的落成。

计划要在池田新市街建设的 84 户住宅，但到 1910 年 3 月末也只建成了 6 户，因此无法赶上 1911 年 3 月 13 日举行的箕面有马电气轨道的第一期开业典礼。不过在这一年的 6 月，剩余的修建工程全部完成，其中还包括一些附属工程。箕面有马电气轨道立即着手这些住宅的销售，刚开始就"售出了一半以上"，剩下的住宅和建筑土地也"逐渐走俏"。[6]

接下来，箕面有马电气轨道开始着手第 2 块住宅地的建设，并动工修建石桥—箕面之间的樱井车站附近土地的道路和沟渠。池田住宅地在 1911 年夏天之前就已经售罄。1908 年 10 月，为了销售池田住宅地，小林一三亲自执笔了名为《最有前途的电车》的宣传册，并用 37 页的篇幅详细说明了关于箕面有马电气轨道从建设预算到工程实施，以及收支的预测、住宅地的经营、游览铁路的真正价值等信息。据说，该宣传册发行量高达 10000 册。

小林在这个册子里列举了许多优势，包括获得了三井物产的中介帮助与金融支持，以及有能力降低建设费用，并向股东们承诺，在未开业期间他们可以拿到 5% 的分红，开业后可拿到 8% 的分红。如果事业能像原计划一样顺利进行，10% 的分

开业之际的箕面有马电气轨道（新淀川铁桥与1形电车）1910年

池田室町住宅 1910年

宣传册《最有前途的电车》1908年

红也并非痴人说梦。小林为了证明这个承诺可以实现,将住宅地经营的前途作为论据列举出来,将经营住宅地"在外国的电铁公司很流行"作为开场白,强调了箕面有马电气轨道沿线土地作为住宅地有多大的优势。[7]

在公司所持有的土地中,气候适宜、风景绝佳的就有20万坪左右,而且地理位置也很好,距离梅田站仅需步行15—20分钟的路程。公司计划在此处设置一个车站,并采取措施大力促进此地的开发,增加铁路乘客的数量,还可同时获得土地建设带来的利润。

1909年秋,箕面有马电气轨道瞄准箕面公园里正满园红叶的时机,发行了一本名为《住宅地指南——应该选择怎样的土地和住宅》的宣传册。小林向着"山清水秀的城市如同昔日美梦般烟消云散,现如今住在乌烟瘴气、灰暗阴沉的城市里不幸的大阪居民们发出呼吁"。小林认为,在甲午战争与日俄战争的夹缝时期,日本的工业化进程取得显著发展,大阪因而从昔日的"山清水秀之都"(商业城市)转换为"乌烟瘴气之都"(工业城市)。

小林就这样紧跟时代变化,并宣称"箕面有马电气轨道将向各位介绍铁路沿线住宅地的风光之明媚,并坚信有义务向诸君就'应该选择怎样的土地和住宅'的问题为诸君做出解答"。若说为什么,这是因为箕面有马电气轨道"持有30万余坪最适宜开发为住宅的土地,可供诸君任意选择,能提供这种待遇的只有本公司一家"。小林也将箕面有马电气轨道具备的优越性与阪神、南海、京阪等大阪其他的电铁公司相比较。

小林接下来通过阐述"住宅地应在能满足顾客自由挑选自己喜欢住所的同时,与该地的风景相协调。此外,住宅还应具备干净卫生的设施,也就是说不可忽视住宅本身的设计"这样的观点,讨论"应该住在怎样的房屋里",并给出了如下结论。[8]

要是住在投入了巨大的财力修山引水,让高楼大厦黯然失色的富豪别墅里则另当别论,诸君居住在郊外,每日都要到市内上班,为工作绞尽脑汁、身心俱疲,不过当各位回到家后,家里的风景却足以消除大家的疲劳。早晨能够在后庭的鸡鸣声中醒来,傍晚则能享受到庭院中传来的阵阵虫声,还能品尝到手工栽培的应季蔬菜。此外,诸君还可以为了享受具有田园风情的生活,对庭院宽度乃至住宅的构造,包括起居室、客厅的设计,以及出入方便,向阳通风等方面提出要求,避免出现屋内阴暗的情况,将其打造成理想的住宅。

箕面有马电气轨道出售的郊外住宅并不是像"富豪的别墅"那样的大宅子,而是专门为每天去往大阪市内上班,希望能谋求些许慰藉的人们设计的住宅。小林在出租铁路沿线土地和住宅的同时,还将分割出售的土地住宅以十年期按月分期付款的价格销售。首先,在1910年6月将池田室町的27000坪土地分割销售出去。在池田室町出售的住宅,1区划有100坪,属于两层楼复式结构,有5—6间房的文化住宅,分为和风和洋风两类,价格在2500日元左右。售价的两成是首付,尾款分10年付清。因此,每月只需支付20日元左右,便能得到这种文化住宅。池田室町的住宅地及住宅销售一结束,丰中、樱井、冈本、千里山等地也开始以这种方式出售。

究竟是哪些人会购买这样的郊外住宅呢？在小林看来，是官吏、律师、医生、银行职员、商社职员等虽无资产但学历高的白领阶层，也就是"新中产阶级"。由于当时的银行职员刚入职的工资是40—70日元左右，所以只需5年工资便可在郊外买到一套住宅。分期付款的方式大受欢迎，小林的土地经营"可以以日本住宅地经营的元祖自夸，取得了相当不错的成绩"。[9]

电灯·电力的供给

箕面有马电气轨道决定于1908年（明治四十一年）下半年在神崎川三国桥畔建设一个发电所，在池田町建设一个变压所并立即动工，并于翌年9月竣工。在1910年1月中旬，各器械的安装工程全部完成，进行了试运转。同年2月与大阪电灯股份公司缔结了供给电力的契约，9月结束前以每日400千瓦为限度向该公司供给电力。

1910年上半年，完成了供给电灯、电力必需的配电盘、变压器等安装工程，电线杆的建设、电线的架设、变压器的安装等至此全部完成了，箕面、冈町、服部以及宝塚等地的附带工程也全部竣工。箕面公园及其周边地区于7月1日开始点灯，其他地区"根据申请也陆续为有需要的家庭着手实施内线工程",并于1910年下半年开始点灯。从6月19日到7月27日为止,将一直为大阪电灯供给电力。[10]

箕面有马电气轨道的电灯、电力供给事业的业绩如表2-2所示,1910年下半年营业用电灯数是1386盏,由于这半年没有给大阪电灯供给电力,电灯、电力的收入比上半年减少了380日元左右。在箕面有马电气轨道的《第7回营业报告书》(1910年下半年)中,关于这半年的电灯供给事业是这样记述的:"电灯营业的成绩虽称不上良好,但随着供给区域不断增加,只要仔细斟酌工程的难易后分出轻重缓急,慢慢增强事业的扩张力度,相信一定会逐渐取得良好的成绩",对电灯供给事业充满希望。[11]实际上,营业用电灯数一直在向着持续扩大供给区域这一目标前进,在第一次世界大战期间的1914年下半年,营业用电增长到了12751盏灯。

表2-2 箕面有马电气轨道的电灯、电力供给事业的营业成绩
(1910年上半年—1914年下半年)　(单位:灯·日元)

年度	营业用电灯数	自家用电灯数	电灯、电力收入
1910年上半年	—	—	7723
1910年下半年	1386	1457	7343
1911年上半年	2413	3627	12723
1911年下半年	4115	3720	30815
1912年上半年	7171	4030	54114
1912年下半年	8825	4054	66443

续表

年度	营业用电灯数	自家用电灯数	电灯、电力收入
1913年上半年	10121	3570	79002
1913年下半年	11186	3183	48557
1914年上半年	12044	3742	49251
1914年下半年	12751	2765	52526

[注] 箕面有马电气轨道股份公司《营业报告书》各期。

另一方面,在1910年下半年,电力供给事业获得收取使用费的许可,并从1911年9月开始为大阪电气轨道的工程建设供电,即使是普通家庭有需要,也会为他们安装电动机。之后,能势电气轨道、安威川视力电气等也开始供给电力,根据1912年上半年的《第10回营业报告书》,十三和三国间的地区被认为是"建设工厂的最佳地区",那里的工厂数量逐渐增多。1913年9月16日,大阪轨道的发电所落成,与该公司签订的送电契约也随之解除,箕面有马电气轨道取得了为芥川电灯以及日本乙酸大阪工厂供给电力的合同,由于处于安装电动机期间的工厂有两三个,需求呈上涨趋势。[12] 1914年下半年,营业电力供给达到了176马力,在此期间,电灯、电力收入如图2-2所示,自1912年起,电灯、电力的收入均超过了10万日元。

(单位：日元)

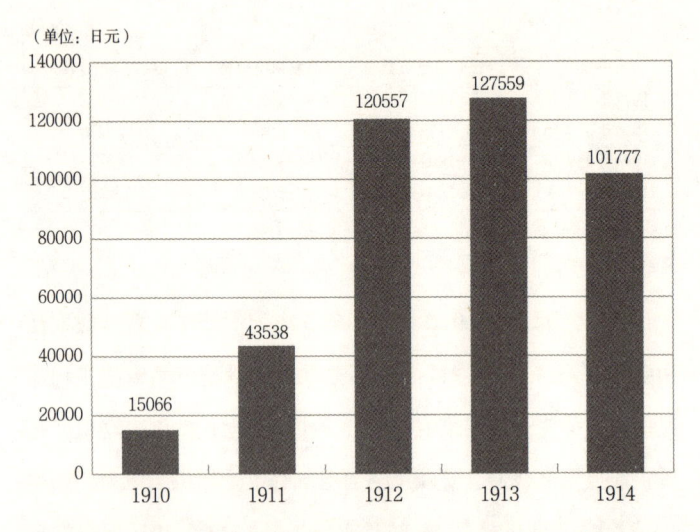

图2-2 箕面有马电气轨道的电灯、电力收入（1910—1914年）

[注] 箕面有马电气轨道股份公司《营业报告书》各期。

沿线开发及进展

小林一三开展了这种将电铁业的经营与土地、住宅的分割出售，电灯、电力的供给，宝塚的娱乐事业，甚至还有终点站商场等铁路沿线的多种事业组合在一起的独特的经营模式。1915年（大正四年）以后，箕面有马电气轨道（阪急电铁）各事业部收入的变化如表2-3所示。当初占总收入60%以上的运输收入所占比率在逐渐降低，1929年是50%，以1933年的40%为界，在1936年甚至减少至30%。

相信大家对土地、住宅的分割出售是阪急电铁的附加事业这一点已经再熟悉不过了，但它在总收入中所占比重并没有很高。记录显示，1910年最多只占了10%，1920年以后再没有超过10%，20年代后半期甚至只有百分之几。

附加事业中还是电灯、电力供给事业比较稳定。虽然只有在1926年和1927年超过了总收入的20%，但也基本上都维持在10%左右。宝塚经营在1920年以后也开始焕发活力，在总收入中所占比重上升到10%左右。阪急百货商场于1929年开业，开业之初在总收入中所占比重就高达10%以上，30年代甚至占20%左右，成为附加事业中收入最高的部门。

尽管占总收入的比例并不高，并不能说土地、住宅的分割出售是不重要的。正是由于铁路沿线居民数量多，运输收入才会大幅增加，电灯、电力供给事业才得到了发展。

在箕面有马电气轨道沿线的冈町、丰中、樱井等地的住宅刚一建成就被销售一空，仅仅三五年就聚集了数百户人家。住吉、天下茶屋、芦屋、御影等地的住宅销售也取得了飞速发展，不过还是比不上箕面有马电气轨道沿线的住宅地。究其原因，是因为箕面有马电气轨道提供的是"让人非常满意的郊外住宅地"。首先，这里空气清新，气候宜人，景色优美，水质上乘。最特别的是这里负担的税金少，以蔬菜类为首的物品价格都很

表 2-3 阪神急行电铁（箕面有马电气轨道）各事业部门的收入变化

年度	运输收入 旅客		货物		土地·住宅	
1915	426248	60.6%	31902	4.5%	85840	12.2%
1916	516501	57.8%	44245	4.9%	100361	11.2%
1917	614113	48.7%	62510	5.0%	185335	14.7%
1918	926424	55.4%	82109	4.9%	201329	12.0%
1919	1284968	57.5%	98397	4.4%	182047	8.1%
1920	2482739	62.6%	103024	2.6%	492370	12.4%
1921	3311646	57.1%	189977	3.3%	437604	7.5%
1922	3939196	53.8%	263713	3.6%	508474	6.9%
1923	4461267	54.5%	278927	3.4%	543164	6.6%
1924	5117673	52.3%	263344	2.7%	447805	4.6%
1925	5323753	50.9%	242187	2.3%	620286	5.9%
1926	5664138	52.6%	247949	2.3%	528286	4.9%
1927	6108307	54.8%	208579	1.9%	465332	4.2%
1928	6354978	52.7%	187195	1.6%	457868	3.8%
1929	6592246	47.2%	149258	1.1%	450679	3.2%
1930	6629842	45.8%	119534	0.8%	364026	2.5%
1931	6424580	43.8%	101251	0.7%	328047	2.2%
1932	6389535	41.0%	85662	0.5%	318760	1.9%
1933	6612473	38.5%	73309	0.4%	598157	3.5%
1934	6937660	35.6%	61925	0.3%	639404	3.3%
1935	7301432	35.9%	57399	0.3%	681010	3.4%
1936	8411429	38.4%	49208	0.2%	756747	3.5%

［注］箕面有马电气轨道股份公司《营业报告书》各期。
［合计］包括其他收入以及利息等。

(1915—1936年)(单位:灯·日元)

附带事业						合计
电灯·电力		宝塚经营		百货商店		
116306	16.5%	28083	4.0%			702960
165633	18.5%	25234	2.8%			894328
190219	15.1%	47138	3.7%			1261052
261285	15.6%	76601	4.6%			1672806
325451	14.6%	142244	6.4%			2235838
428873	10.8%	201489	5.1%			3968525
940220	16.2%	453074	7.8%			5800952
1148608	15.7%	483386	6.6%			7327748
1513488	18.5%	661363	8.1%			8185527
1882570	19.2%	1177299	12.0%			9781482
2059839	19.7%	1215690	11.6%			10460507
2238960	20.8%	1109584	10.3%			10765853
2230334	20.0%	1266863	11.4%			11155325
2377960	19.7%	1368033	11.3%			12057235
2504384	17.9%	1481080	10.6%	1703450	12.2%	13955679
2609610	18.0%	1465038	10.1%	2260191	15.6%	14469310
2749728	18.8%	1551322	10.6%	2680827	18.3%	14654327
2943834	18.9%	1541712	9.9%	3559318	22.8%	15586176
3176389	18.5%	1488435	8.7%	4536780	26.4%	17181557
3440209	17.6%	1501733	7.7%	5429594	27.9%	19493089
3857430	19.0%	1858975	9.1%	5753255	28.3%	20319017
4264785	19.5%	1926366	8.8%	5321678	24.3%	21886808

便宜。由于这里有很多花卉园艺以及果树园，还有很多诸如箕面公园、宝塚温泉、中山观音、能势妙见等景点和游览胜地，全家可以在周末或者节假日一起来这些地方游玩。此外，与其他私铁沿线相比，这里的地价还很便宜。随着这片地区的发展，相信将来这里的地价会暴涨。

在这样的土地上，购买由娴熟工程师精心设计的房屋的费用是1000日元，平均每月只需要付12日元的工资就可以。也就是说，"只要支付和房租差不多的价钱，就能在不知不觉间将土地和住宅归为己有"。此外，乘坐阪急电铁到大阪市内上班只需要15—30分钟左右，如果每月都购买1.8—2.2日元的定期乘车券的话，每日还可以多次乘坐。[13]

伴随着沿线住宅地的开发，阪急电铁在1920年开通了神户本线（梅田—神户上筒井间30.3千米），伊丹支线（塚口—伊丹间2.9千米），在1921年开通了西宝线（西宫北口—宝塚间7.7千米），在这之后，1924年开通了甲阳支线（夙川—甲阳园间2.2千米），1926年开通了西宫北口—今津间线（1.9千米），西宝线也被改称为今津线。就这样，经过路线的扩充，阪急电铁的乘客数量增幅显著（如图2-3所示）。

伴随着铁路沿线住宅地的开发，电灯交易数也取得了快速增长（如图2-4所示）。虽然阪急电铁给铁路沿线住宅提供

登载箕面有马电车开业的报纸广告
1910年3月10日

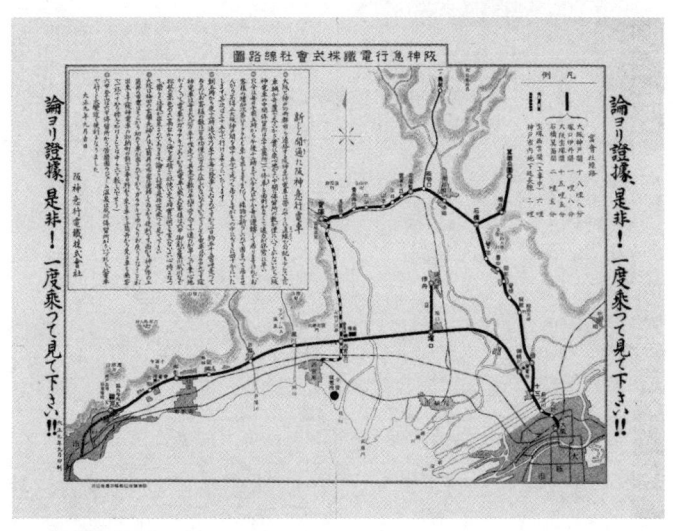

阪急电铁的线路图 1920年9月

图 2-3 乘客人数的变化（单位：人）

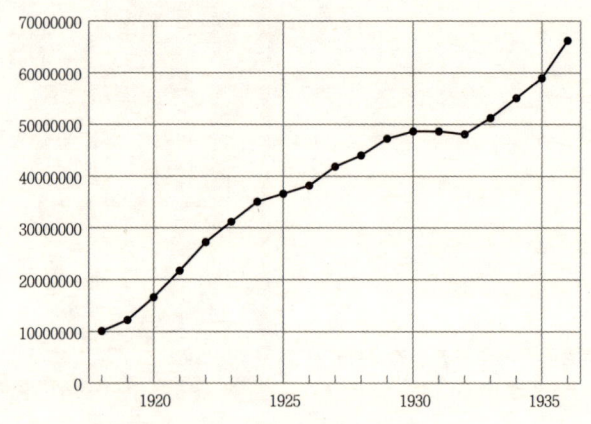

［注］ 阪神急行电铁股份公司《营业报告书》各期。

图 2-4 电灯交易数的变化（单位：盏）

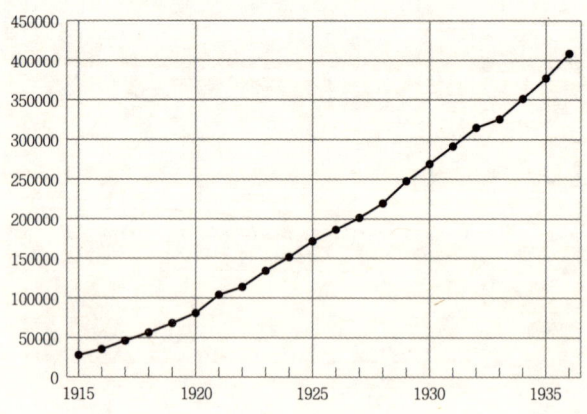

［注］ 阪神急行电铁股份公司《营业报告书》各期。

电灯,给能势电气铁路、猪名川水力电气、武田药品等供给电力,但在昭和经济危机时期,一度停止了给工厂供给电力。据当时的《营业报告书》记载:"由于财界人心惶惶,再加之各制造业都很不景气,因此有需要大宗电力的新主顾提出了供电申请。工厂扩张导致使用量增加,伴随着铁路沿线的发展,电灯电力的需求依然在保持平稳增长。"[14] 由于经济不景气,工厂等的电力使用需求有所下降,但伴随着铁路沿线的开发,电灯、电力需求反而增加了。相同的记述一直持续到 1932 年(昭和七年)上半年前后。在 1930 年 10 月 15 日到 11 月末这一期间,采取了"宣传提高电灯亮度以及销售电灯"的举措,取得了"超过预期的好成绩"。[15]

注释:

1 箕面有马电气轨道《第 8 回营业报告书》1911 年上半年 15 页。
2 箕面有马电气轨道《第 11 回营业报告书》1912 年下半年 18 页。
3 箕面有马电气轨道《第 12 回营业报告书》1913 年上半年 17—18 页。
4 箕面有马电气轨道《第 13 回营业报告书》1913 年下半年 17 页。
5 箕面有马电气轨道《第 15 回营业报告书》1914 年下半年 17—18 页。
6 箕面有马电气轨道《第 6 回营业报告书》1910 年上半年 21 页。
7 小林一三"逸翁自叙传"《全集》第 1 卷 160 页。

8 同上，164页。

9 同上。

10 箕面有马电气轨道《第6回营业报告书》1910年上半年20—21页。

11 箕面有马电气轨道《第7回营业报告书》1910年下半年18页。

12 箕面有马电气轨道《第12回营业报告书》1913年上半年23—24页。

13 《山容水态》第3卷第5号，1915年11月14—15页。

14 阪神急行电铁《第44回营业报告书》1929年上半年20页。

15 阪神急行电铁《第47回营业报告书》1930年下半年22页。

III "大众本位"的经营理念

比别处物美，比别处价廉

小林一三将"比别处物美，比别处价廉"作为阪急百货商场的经营理念。对重视"大众本位事业"的小林来说，这句话是其经营思想的集中体现。那就让我们进一步了解阪急百货商场的经营实况。为了做到"比别处物美，比别处价廉"，小林孜孜不倦地尝试了各种办法。

尽管昭和经济危机来势汹汹，阪急百货商场的业绩仍然取得了平稳发展。如表2-4所示，各期的营业额都高于营业费用。在阪急电铁的《第46回营业报告书》中，关于1930年（昭和五年）上半年阪急百货商场的营业成绩，是这样记述的："尽管经济始终不景气，店里还是迎来了很多顾客。营业额与前期相比甚至取到了显著增加的好成绩。不仅有本公司沿线的顾客光顾，还得到大阪市内北部一带顾客的关照，相信有望实现业绩蒸蒸日上的经营盛况，前途无限光明。"[1]

表 2-4 阪急百货商店的经营

年度	收入	支出	相抵利益（日元）	员工人数（人）
1929	1703450	1051067	652383	60
1930	2260191	1254209	1005982	71
1931	2680827	1551119	1129708	87
1932	3559318	2179001	1380317	104
1933	4536780	2817506	1719274	103
1934	5429594	3171423	2248171	109
1935	5753255	3318872	2434383	110
1936	5321678	3174121	2147557	106

［注］ 阪神急行电铁股份公司《营业报告书》各期。

就像《第46回营业报告书》中预测的那样，阪急百货商场的营业额在此之后还在持续增加，这是因为"比别处物美，比别处价廉"这一方针被正式确立下来，1931年12月1日，卖场、食堂的面积扩大了两倍，营业额因此显著增加。1935年上半年"沿线多次遭遇水灾，对营业造成了相当大的影响"，[2]但在这一年的10月6日，大阪市营地铁梅田线正式完工，连通了阪急电铁的梅田车站与地铁。1936年3月21日，第4期工程正式完工，卖场、食堂的面积有所扩大，阪急百货商场的经营"也始终保持平稳增长，并取得了超出预期的好成绩"。[3]公司员工数量也在增加，1930年3月还只有60人，到1933年3月就已经超过了100人，到1936年3月更是壮大到了

110人。[4]

在这期间,小林为了实现"比别处物美,比别处价廉",下了很多功夫,尝试了直接经营、建造旁系工厂等方法。阪急商场时代的1927年1月28日,小林在北区小深町的阪急电铁高架下开办了直营的糕点制作工厂,工厂的占地面积仅45坪。伴随着百货商场的逐步成长,糕点的需求也在增加。因此,1929年10月30日,在北区芝田町的高架下新建了170坪的工厂。1934年11月14日,在阪急电铁宝塚线三国车站附近建立了新式工厂,制作的产品主要有纯西式糕点、纯日式点心、长崎蛋糕、面包、冰淇淋、咖啡、果子露等,特别是冰淇淋,除了在梅田阪急食堂、地下卖场、宝塚食堂、宝塚酒店、神户食堂等地售卖,还出口到遥远的满洲地区。[5] 1.5钱一个的带馅面包和5钱一个的奶油泡芙都是秒速售空,如果顾客同时购买50种市价10钱的西式糕点,就可以统一以5钱一个的价格购得。[6] 1934年2月,在北区芝田町高架下的制作糕点工厂的内部一隅创设了阪急制药所,生产制造阪急共荣药。共荣药的种类有头痛片、感冒片等共25种,并批发给以共荣药房为首的全国各地的药房。[7]

小林甚至还将衬衫等纤维杂货的生产制造发展为阪急百货商场的旁系事业,在北野杂货制造所进行。该制造所在1929

年2月6日，也就是阪急百货商场开始营业的前两个月，以3万日元的资本金召开了创立大会。自那之后，便在阪急电铁高架下开设了一个50坪的工厂，主要用以生产制造衬衫、手帕等纤维制品。1934年9月，其资本金增至10万日元，经营规模也随之扩大。最初，该工厂有着专务董事堀尾真次郎较为浓厚的个人色彩，但他支持小林"比别处物美，比别处价廉"的理念，"最终，由于铁路沿线住宅地的居民几乎都是工薪族，所以将需求量最大的衬衫、手帕等作为商品主力生产制造，并将当时最低市价为2.8日元的细棉布衬衫以1日元低价出售"。[8] 阪急百货商场之所以积极进行个人品牌的销售，是因为与三越等起源于江户时期的衣料店相比，想要保证固定的货源比较困难。

1929年3月阪急商场的资产额（商场、食堂设备、商品现有总量）达到160839日元，在同年10月改名为阪急百货商场之后，资产额增长到了1390481日元，共增加了10倍左右。阪急百货商场的卖场面积与阪急商场时代相比，虽然已经扩大许多，但是没过多久又变得拥挤起来。

阪急百货商场在1931年2月着手第二次扩张计划，扩张工程在这一年的11月完成。从12月起，阪急百货商场变身为占地面积628坪，总面积6181坪，包含地下卖场在内共有

6647坪的大型百货商场。阪急百货商场的第3期扩张工程，在1932年11月完工后，总面积高达15000坪，成为大阪最大的百货商场。

第3期扩建开业后，小林一三亲自担任百货商场的部长并负责采购业务。1933年1月确立了由4个营业部和总务科、食堂科等组成的经营组织。此外，为了使商品配备更加完善，计划充实4楼的吴服（译者注：即和服，江户时代以前称吴服）卖场。1934年9月，制作了由小林一三署名的问候书，内容如下。[9]

阪急百货商场为了更好地服务电车乘客，从经营食堂开始，拓展至其他领域。虽然开业时规模很大，但是吴服卖场的诸位不论是采购员还是店员的服务都尚未熟练，有很多急慢之处实在抱歉。不过，就像叫花子乞食3年后也会比现在强3倍一样，阪急百货商场的吴服卖场通过店员的培养也可以逐渐达到外销的程度。总之，我们在想方设法地向前发展。在别处的商店，这种类型的店员大概有四五人，而目前我们已经达到了10个人。这样一来，我们既有提供咨询的人员，也拥有只要客人下单就绝不会让他们失望的自信，因此接下来吴服店的诸位也会将阪急百货商场的真正价值发挥出来，能否得到大家的赞誉，还请拭目以待，在此再次进行问候。

小林认识到，阪急百货商场与拥有三越等起源于江户时期的吴服店的百货商场相比，虽然在招徕客人和价格低廉方面占优势，但在采购和备齐商品方面处于劣势。因此，他借着第3期扩充的机会开始外销，进一步优化备货品种，扩大吴服销售。小林为了贯彻"比别处物美，比别处价廉"的经营理念，努力克服阪急百货商场的缺陷。

1934年9月1日，阪急百货商场在阪急总部大楼7楼的西馆，开设了以地方小零售商为对象，主营批发的"大阪物产馆"。为了谋求与消费者和中小生产者共存共荣，开设以批发为主的百货商场，这一想法在阪急百货商场开业之初就已经萌生了。

阪急百货商场在开设大阪物产馆时，刊登了一篇名为"批发业开业指南——9月1日开店，比别处物美，比别处价廉"的广告。据此可以了解到，到目前为止，批发业者一般都是等待产地的办事员来店采购商品，或者是让驻扎在产地的店员采购。这样一来，批发店的采购员与生产者之间会出现私下交易，商品价格自然是"批发商本位"，损害了一般消费者的利益。为了让地方的小零售商能够以"消费者本位"进行采购，开设了以"比别处物美，比别处价廉"为方针的大阪物产馆，并将其作为阪急直营的批发类百货商场。

在大阪物产馆之所以能够进行这种交易，是因为：①这是阪急电铁的副业；②不需要支付房租和摊位费；③奉行现金展销主义，简单易行；④拥有大量的直营、旁系工厂。大阪物产馆批发的商品主要有男士内衣、妇人小孩内衣、手套、袜子等杂货类商品，不过将来计划扩张到食品材料以及住宅用品领域，并以"批发经营衣食住方面的生活必需品"为目标。[10]

小林并没有就此满足，他计划"再增加1万坪，这样就可以成为日本第一的百货商场"。[11]为什么会这么想呢？因为如果在大阪的梅田开展百货商场事业，不进行大规模经营的话，就会出现竞争者，且固定资产不在1000万日元以上就不会有盈利，也无法封锁竞争者。

1935年10月6日，大阪市营地铁梅田站正式完工，使阪急电铁的梅田车站和地铁间的连通成为可能，阪急百货商场的业绩因此有所提高。1936年3月，东馆在第4期增筑工程后落成，大大扩张了卖场和食堂的面积。在1936年上半年的阪急电铁《第58回营业报告书》中记述道："由于这一期增筑工程的完工，大大扩张了卖场面积。内容整备自不用说，在经营方面也付出了更多的努力。最终，卖场逐步提高信用度，博得了顾客的好评，业绩始终保持平稳增长，取得了比预期更好的成绩。"[12]

国民戏剧——普通民众的娱乐项目

东京宝塚剧院在1933年（昭和八年）12月29日竣工，从第二年正月2日起开始公演。备受大众瞩目的是，伴随着东京宝塚剧院的开业，"大众本位的、明快的东宝式新演出法"得以实施，具体内容如下。[13]

一、演出时间从下午6点开始（4点开场），到10点结束，一共4个小时。周末和节假日的日常演出从下午1点开演（上午11点开场），到5点结束。

二、在开演4小时的基础上，努力减少幕数，每次的休息时间设置在20或30分钟。

三、将来在这种演出方式被鼓励施行之时，剧场将不再提供饮食服务，在剧场内只能利用20或30分钟的休息时间饮茶。为了配备顺应这种趋势的服务设施，剧场需要翻新修建。

四、关于本剧场的餐饮设施，在地下一层有西式食堂，4楼有竹叶亭，3楼有菊屋等，无论是食堂还是小卖店，确立了这样的方针，即所售商品的价格都与剧场外保持一致，不存在任何提价的情况。因此，像在剧场内将原本50钱的商品提价到80钱出售这种不合理的情况，是绝对不会出现的。

五、为了避免售票方给予所谓的"同伙"优先权及大型折扣这类情况发生，预售票数和当日销售票数各占一半。如果3楼也进行预售的话，场内的饮食、休息等服务要与一、二楼一样，保证观众能享受到同样的待遇。

一般大众通常都要在白天工作8个小时左右，所以演出时间不能只考虑到有空闲的人群，因而定于从下午6点开演，10点终演，一共4个小时（周末和节假日则是从下午1点开演，5点终演，进行两次公开演出）。在考虑国民的消费水平之后，将票价分别定为2日元、1.5日元、1日元、50钱，将预售和当天所售票"对半"处理，以此来回应大众的需求。食堂、小卖部等出售的商品价格与市面一般价格相同，废止了"剧场都会贪图暴利的陋习"。[14] 当时，松竹是在下午3点开场（4点开演），关于入场券的销售，还有一种"同伙制度"存在，即演员自己强行将入场券推销给别人，剧院则在暗中提供帮助。不过，东京宝塚剧院推行的是"坚持以大众本位销售门票"的"明快至极的演出法"。[15] 也就是说，小林将剧场经营"从另一个阶级的风俗习惯里衍生出的不务正业，转变为普通的事业来经营打理"。如表2-5所示，东宝从1930年代到1940年代积极开展剧场的经营事业。如图2-5所示，收入虽然获得显著增加，却几乎没有利润可言。

表 2-5 东宝的剧场列表

	名称	所在地	开场年月日	定员
东京都内有乐町丸内	东京宝塚剧场 东宝小剧场 东宝4楼剧场	东京都麴町区有乐町1丁目12番地2 东京宝塚剧场内5楼 东京宝塚剧场内4楼	1934年1月1日 1934年9月21日 1940年4月16日	2810 442 410
	有乐座	东京都麴町区有乐町1丁目14番地4	1935年6月7日	1631
	帝国剧场	东京都麴町区丸内3丁目12番地	*1940年3月1日 1942年3月23日 (再开场)	1386
	大东亚会馆 大东亚会馆讲演场	东京都麴町区丸内3丁目14番地 大东亚会馆内2楼	*1942年5月17日 1942年5月17日	— 326
	日本剧场 第一地下剧场 日剧小剧场	东京都 丸内3丁目14番地 日本剧场地下街内 日本剧场内5楼	*1935年3月14日 1935年12月30日 1941年11月8日	2920 286 232
	日比谷电影剧场	东京都麴町区有乐町1丁目14番地1	1934年2月1日	1740
东京都内	东横电影剧场	东京都涩谷区上大街3丁目20番地1	1936年11月3日	1401
	帝都座 帝都座演艺场	东京都四古区新宿3丁目33番地 帝都座内5楼	*1940年12月5日 1942年3月11日	1098 236
	银映座	东京都神田区神保町2丁目6番地	*1935年3月31日	486
	大久保电影剧场	东京都淀桥区百人町2丁目94番地	*1939年12月29日	448
	神田立花亭	东京都神田区须田町1丁目16番地56	*1942年11月1日	200
	神乐坂演舞场	东京都牛入区神乐町3丁目6番地	*1943年3月1日	380
	后乐园运动场 后乐园电影馆	东京都小石川区春日町1丁目1番地 后乐园运动场场建物的一部分	*1938年6月28日 1940年8月28日	29333 92
	江东剧场	东京都本所区江东桥4丁目1番地4 江东乐天地内	1937年12月3日	1436
	本所电影馆	东京都本所区江东桥4丁目1番地4 江东乐天地内	1937年12月3日	1466
	江东花月剧场	东京都本所区江东桥4丁目1番地4 江东乐天地内	1938年4月3日	480

［注］远山静雄［1943］，《东宝十年史》（东京宝塚剧场）34—38页。
［注］＊是成为东宝经营时的年月日。

表2-5（续）

	名称	所在地	开场年月日	定员
大阪	北野剧场	大阪市北区角田町12番地	1937年12月29日	1610
	梅田电影剧场	大阪市北区角田町12番地	1937年12月29日	2003
	梅田地下剧场	梅田电影剧场地下	1937年12月29日	588
	梅田小剧场	梅田电影剧场地下	1938年12月29日	241
	南街电影剧场	大阪市南区难波新地5番町51番地	1938年1月13日	668
神户	神户坂急会馆	神户市神户区加纳町4丁目5番地1	1936年4月4日	1247
	三宫剧场	神户市神户区北长狭通1丁目10番地	1938年1月14日	697
	三宫电影馆	神户市神户区北长狭通1丁目7番地	1937年3月30日	315
	三宫小剧场	神户市神户区北长狭通1丁目10番地	1938年10月1日	145
	元町电影院	神户市神户区北长狭通3丁目铁道高架下	1940年9月12日	198
其他	横滨宝塚剧场	横滨市中区住吉町4丁目42番地	1935年4月1日	1336
	热海宝塚剧场	热海市鹤田町966番地5	1937年12月27日	446
	热海银座剧场	热海市热海341番地1	*1940年11月2日	245
	静冈宝塚剧场	静冈市下鱼町56番地	*1938年10月23日 1940年10月9日 (再开场)	692
	胜田宝塚剧场	茨城县那珂郡胜田町大字东石川三反町190番地	1942年10月15日	640
	甲府宝塚剧场	甲府市太田町82番地	*1936年11月1日	1183
	松本宝塚剧场	松本市大字白板字西堀里314番地	*1939年8月13日	407
	新潟宝塚剧场	新潟市东堀大街9番町1045番地	*1940年1月1日	829
	名古屋宝塚场 名宝会馆	名古屋市中区广小路大街1丁目6番地 名古屋宝塚剧场内	1935年11月2日 1942年6月4日	1994 400
	纳屋桥电影剧场	名古屋市中区天王寺崎町4	*1941年3月19日	311
	京都宝塚剧场	京都市中京区河原町大街三条下大黑町58番地	1935年10月12日	1468
	京城宝塚剧场	京城市黄金町4丁目310番地	*1940年4月12日	1100

图 2-5 东宝的收入・盈利的变化 （1933 年下半年—1945 年上半年）

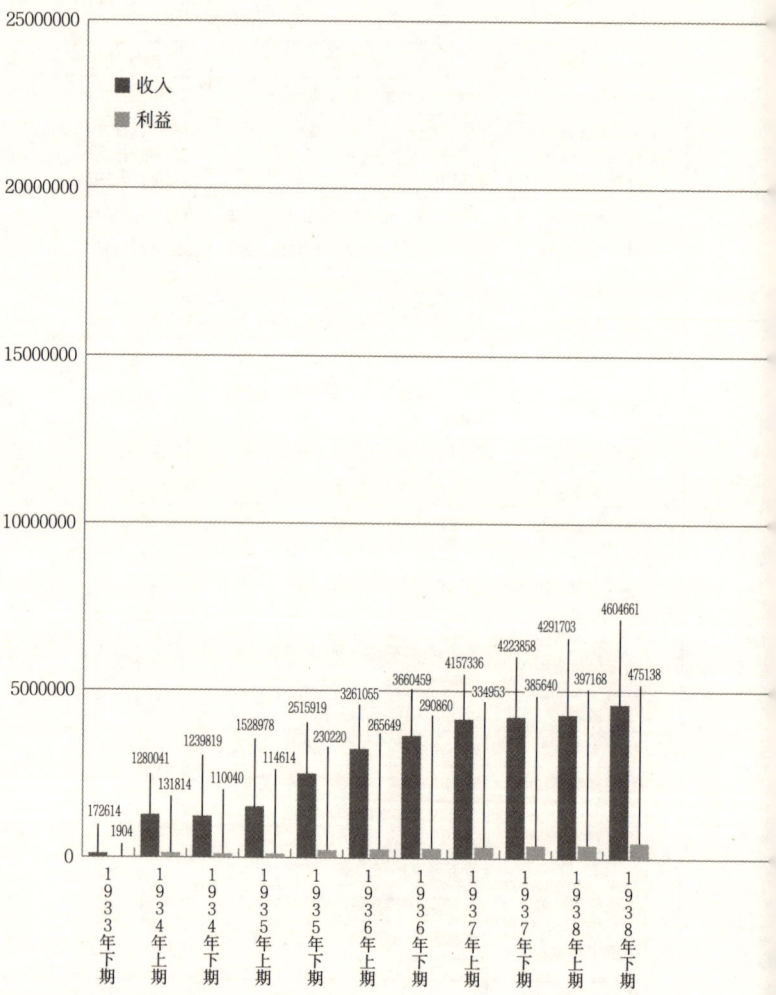

期间	收入	利益
1933年下期	172614	1904
1934年上期	1280041	131814
1934年下期	1239819	110040
1935年上期	1528978	114614
1935年下期	2515919	230220
1936年上期	3261055	265649
1936年下期	3660459	290860
1937年上期	4157336	334953
1937年下期	4223858	385640
1938年上期	4291703	397168
1938年下期	4604661	475138

［注］东宝 30 年史编撰委员会编［1963］，《东宝 30 年史》（同社）358—359 页。
［注］上期是指 2 月 1 日—7 月 31 日，下期是指 8 月 1 日—翌年 1 月 31 日。

264

(单位：日元)

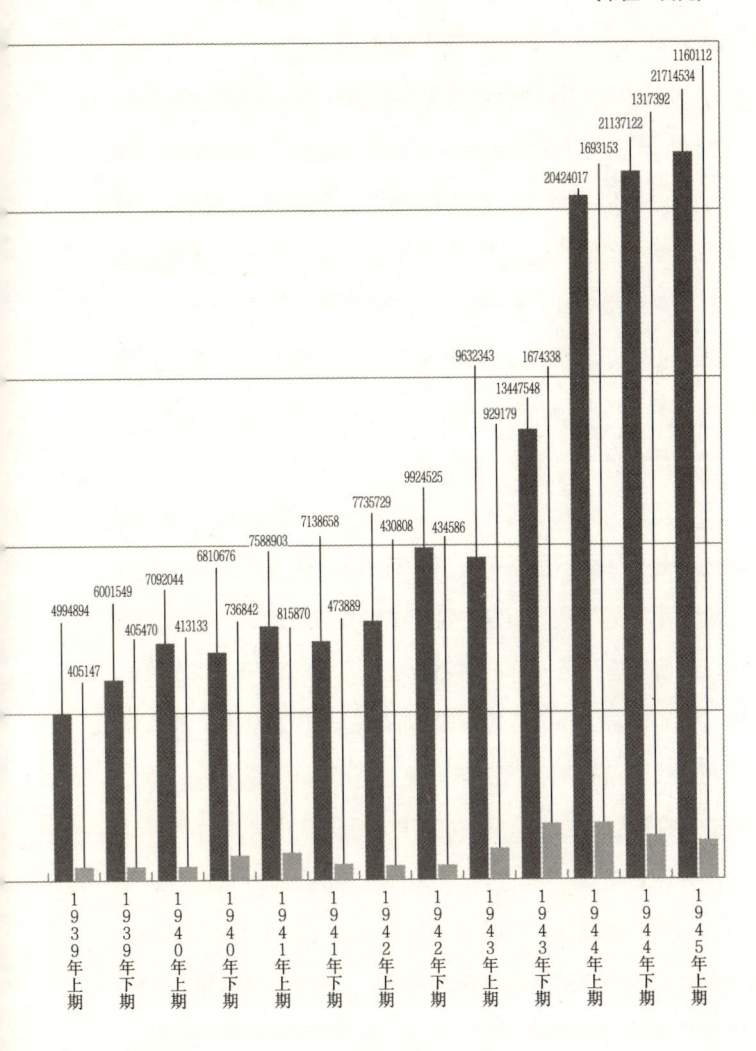

时期	数值1	数值2
1939年上期	4994894	405147
1939年下期	6001549	405470
1940年上期	7092044	413133
1940年下期	6810676	736842
1941年上期	7588903	815870
1941年下期	7138658	473889
1942年上期	7735729	430808
1942年下期	9924525	434586
1943年上期	9632343	929179
1943年下期	13447548	1674338
1944年上期	20424017	1693153
1944年下期	21137122	1317392
1945年上期	21714534	1160112

大众酒店——"二等卧铺的延伸"

小林在经营宝塚酒店和六甲山酒店时饱尝辛酸,在1935年(昭和十年)9月到1936年4月这一期间,小林视察了欧美国家,并提出了将大众酒店作为"二等卧铺的延伸"这一商业模式的构想。[16] 这一构想的原型是拥有3000间客房,当时世界上最高级的酒店——美国芝加哥的斯蒂文斯酒店(即后来的康拉德希尔顿酒店)。在停留法国巴黎期间,小林临时带着绘图回国。"二等卧铺的延伸"的酒店类似于现代的商务酒店,是方便快捷、房费便宜的"大众酒店"。[17]

小林坚信,只有尽可能给大众带来便利,并且每日都有钱进账的事业,才会取得繁荣发展。而这次的欧美视察之旅进一步坚定了小林的想法。用这种观点来审视日本酒店业的话,会发现以外国游客以及一部分富裕阶层为目标的帝国酒店和位于箱根宫下方的富士屋酒店等一流酒店都处于亏损状态,没有任何盈利。由于两家酒店的房费每晚都是10日元以上,只有极少数的富裕阶层才会去那里住宿,称不上是面向大众的酒店。

小林计划在有乐座附近建设大众酒店,并让东京电灯工务科长冈部荣一调查民营企业科长阶层的职员在去东京出差时,公司提供的日津贴和住宿费分别是多少。调查结果显示,该阶层职员从公司那里得到的日津贴和住宿费总共是6—8日元,

第一酒店 1938年

很显然他们住不起帝国酒店那种每晚10日元以上的地方。因此，他们有的投宿在住宿费便宜的日本旅馆，有的投宿在朋友或亲戚家里。如果选择投宿在朋友或亲戚家，难免会感到拘束，且被投宿的一方也会感到困扰。此外，像这样的朋友或亲戚大多住在远离市中心的郊外，来回路上会花费很多的时间，乘坐出租车的费用也不是一笔小数目。

因此，小林考虑到，如果在交通特别方便的东京市内建造一个每晚只需花费2—3日元，也就是和火车二等卧铺差不多的价钱就能入住的酒店，可以预见它的需求量一定很大。即使出差补贴只有6日元，入住2日元酒店还能剩下4日元。他们在付完伙食费和交通费之后，还能给妻子儿女多少买些土特产。

话虽如此，并非只是房费便宜就行。民营企业科长阶层的职员都是一些高学历且注重外表的人，所以从酒店的玄关到大厅都要丝毫不逊色于高级酒店，而且还必须配备最新的设施。

但是，如果要给豪华大厅配备最新的设施，而只收取帝国酒店五分之一的房费，可能会入不敷出，这就到了小林发挥本领的时候了。首先，他通过缩小客房面积来增加客房数量。去东京出差的职员在白天都不会住在酒店里，他们只在夜里才回房间休息，所以即使房间小一点也没关系。其次，减少酒店员工的数量，尽可能排除一切浪费行为。社长办公室一般都很宽敞，且位于向阳采光好的南侧，即使放在酒店里也是最好的位置。而小林放弃了这一做法，将社长办公室移到地下室。另外，在筹集资金方面，以低利息借到了和资本金差不多的金额。总之，小林为了能取得收支平衡想了很多办法，他就是如此这般考虑大众酒店的事业经营的。

1937年（昭和十二年）1月9日，第一酒店于东京新桥站附近开业，其实现了小林大众酒店的构想。

当时，在铃木三荣的味之素控股公司中担任常务理事的土屋计左右这样讲述第一酒店在正式开业前的经过：1936年夏，位于新桥的读卖新闻社的旧地皮将被出售，传开了土屋是否会买下它的议论。土屋找到社长铃木忠治和专务铃木三郎助协商，提议将地下1楼作为饮食街，地上1楼作为商店街，2楼作为出租房，3楼以上则全部当作酒店。铃木忠治也是东京电灯的董事，特别佩服小林一三社长，便让土屋去询问小林的看法，三井银行的后辈土屋便去拜访了东京电灯的社长。小林将"我这次环游世界一周的感受是，今后的生意要与大众直接挂钩，需要想办法不断地为大众提供便利，只有每日进账的事业才会繁荣兴旺。为此，我创办了阪急电铁、阪急百货商场，之后是东宝电影公司。此外，还有一项以大众为对象尚未被开发的生意就是大众酒店"作为开场白，讲述了自己关于大众酒店的构想。最后，小林还讲道他不会把酒店经营交给专业人士，必须由外行来做，并就此作了如下解释。[18]

对于那些被称为专家的酒店经营老手来说，我的方案是完全不能被理解的。我曾经也跟大仓男爵讲过这些话，但是根本没被采纳，他反倒认为我这个外行不知所云。听说你与帝国酒店的犬丸是同级生，你千万不要去跟犬丸协商。因为只有毫无酒店经营经验的外行才会进行革新式的经营，酒店员工除了厨师以外全部都要聘用外行，目前的员工都存在因循守旧的弊端。还要废除一切小费制度，由公司支付他们固定工资。就当下情况而言酒店经营对于外行的你来说还是很合适的。我在东京开办宝塚剧院时，也没有雇用任何一个有演出经验的松竹人。简言之，就是以大众本位为目标，将酒店变成像荞麦面馆一样的必需品。很久以前听说过鳗鱼店的掌柜因为鳗鱼的诅咒上吊自杀的故事，不过事实并非如此。掌柜自杀是因为经济原因，鳗鱼店在经济景气时的生意很兴旺，不过在过去10年里，只有前3年的经济比较景气，后7年经济一直很低迷，鳗鱼店最终也破产了，这才导致了掌柜自杀。但是，我从没有听说过荞麦面馆的掌柜自杀。

在小林看来，酒店经营的专家很难打破原有观念。大众酒店的经营要交给不被原有观念束缚的外行进行革新，这一点很重要。之后，小林以低廉的价格将国铁新桥站附近的读卖新闻社1000坪左右的地皮买到手，当然也多亏了《读卖新闻》的社长正力松太郎的好意。此地位于东京市中心，除了国电之外，还有地铁、城市电车、城市公交等交通工具，交通非常便利。官厅街、银座大道、日比谷娱乐街也在该地附近。

1936年（昭和十一年）9月25日，在东京市京桥区室町二丁目的宝桥公寓二楼设置了第一酒店的创立事务所。该创立事务所在翌年3月转移到新桥的第一酒店建筑现场的东南角。第一酒店的建设地由正力松太郎（723.9坪）和东京电灯（238.5

坪）持有。正力将从前持有者——王子制纸那里收购的土地，以买入价出售给小林，相应地，小林社长欣然承诺会将东京电灯的持有地转让给正力。

小林持有1000股股份，成为发起人之一，其余的发起人共10人，分别是：平沼亮三（贵族院议员），今村信吉（东京帽子专务董事），高桥龙太郎（大日本麦酒专务董事），土屋计左右（铃木三荣常务理事），山内贡（野村合名总理事），筱原三千郎（服部贸易社长），平野保助（原三井银行上海支行长），望月军四郎（横滨仓库社长），铃木三郎助（味之素总店、铃木商店专务董事），铃木三千代（铃木商店董事）。

第一酒店在1937年2月3日得到了宿屋（旅馆）营业许可，并在翌年4月27日得到了酒店营业的许可，这一天还举行了开馆宣传会，于29日开始营业。酒店客房共有626间，能容纳691人，总建筑面积达5400坪。当时，自诩规模最大的帝国酒店的客房数是270间，能容纳398人，第一酒店的规模要比其大两倍以上。虽然第一酒店的客房和浴室都比较狭窄，但是大厅很宽敞，还装饰有从意大利进口的"豪华"大理石，全酒店配置的都是最新的空调设备，一举成为"东洋规模最大的商务酒店"。

最初只开放了2—4楼的客房，但由于客房利用率以超乎想象的速度增加,5月便开放了5、6层,6月开放了7、8层。房费方面,无浴室的单人间是3日元(最初是2.5日元),有浴室的是4日元(最初是3.5日元),两者都需交30钱的服务费,而东京—大阪间的二等卧铺票价是上铺3日元,下铺4.5日元。可以说小林所说的作为"二等卧铺的延伸"的大众酒店的建设真正得以实现。

表2-6 第一酒店的房客数量和利用率

期	期间	房客数量(人)	利用率(%)
第4期	1938年4—8月	307	44.4
第5期	1938年9月—1939年2月	506	73.2
第6期	1939年3—8月	617	89.2
第7期	1939年9月—1940年2月	681	98.6
第8期	1940年3—8月	692	100.1
第9期	1940年9月—1941年2月	696	100.7
第10期	1941年3—8月	720	104.2
第11期	1941年9月—1942年2月	706	102.2
第12期	1942年3—8月	724	104.8
第13期	1942年9月—1943年2月	722	104.5
第14期	1943年3—8月	715	103.5

[注] 第一酒店股份公司编[1992],《托付梦想 第一酒店社史》(同社)52—53页,98—99页。
[注] 房客数量是指一天平均下来的人数。利用率是指房客人数在容纳总数中所占的比重。

在经营方面,当时其他旅馆及酒店员工的收入都是依靠客人给的小费,而第一酒店将其改为月薪制。此外,酒店还采纳了小林"员工最好都是与酒店业无关系的外行"的建议，聘用的员工全都不是酒店业从业者。

自从第一酒店全馆开始营业，一天的平均房客人数和利用率如表 2-6 所示，可以发现第一酒店实现了相当高的利用率。因此，第一酒店在开业一年以后，就取得了酒店业界首年实现一成盈利的好成绩。1939 年 3 月，在小林的斡旋下，第一酒店以 405651 日元的价格从仁寿生命保险收购了 587.9 坪的新店用地。[19]

注释：

1　阪神急行电铁《第 46 回营业报告书》1930 年上半年 23 页。
2　阪神急行电铁《第 56 回营业报告书》1935 年上半年 22 页。
3　阪神急行电铁《第 58 回营业报告书》1936 年上半年 22 页。
4　阪神急行电铁《营业报告书》各期。
5　狩野弘一编 [1936]，《大·阪急》（百货商场新闻社）118—121 页。
6　关于阪急百货商场的三国糕点制作工厂，参照了阪急百货商场史编集委员会 [1976]，《阪急百货商场股份公司 25 年史》（同社）140—141 页。
7　上述《大·阪急》121—122 页。
8　同上，123—125 页。
9　上述《阪急百货商场股份公司 25 年史》139 页。

10 上述《大·阪急》44—52页。
11 小林一三"我的生活方式"《全集》第3卷184页。
12 阪神急行电铁《第58回营业报告书》1936年上半年22页。
13 小林一三[1943],"东宝10周年之际"远山静雄编《东宝10年史》（东京宝塚剧场）53页。
14 上述"我的生活方式"《全集》第3卷126页。
15 上述《东宝十年史》54页。
16 上述"我的生活方式"《全集》第3卷126页。
17 小林一三"我的人生观"《全集》第1卷250页。
18 土屋计左右[1961],"小林老先生与大众酒店"小林一三老先生追想录编撰委员会编《小林一三老先生的追想》（阪急电铁）392—394页。
19 根据第一酒店股份公司编[1992],《托付梦想的第一酒店社史》（同社）29—49页。

Ⅳ 由统制诞生的新资本主义

日本的富国之路

小林一三在社团法人经济俱乐部的机关杂志《经济俱乐部》（1936年5月7日）上，发表了一篇名为"欧美漫游杂感——关于因统制而生的新资本主义的说明"的文章。这篇文章很好地诠释了小林对当时的日本经济的看法。小林通过第一次海外视察，掌握了"新资本主义"这种思考方式。

当时，小林正任职东京电灯的社长。1935年（昭和十年）9月12日，他乘坐浅间丸号从横滨港扬帆起航，开启欧美视察之旅，于9月25日抵达圣弗朗西斯科，29日抵达洛杉矶。之后，先后经过纽约、伦敦、柏林，游览苏联的莫斯科、列宁格勒等地。12月，小林沿着莱茵河先后拜访了瑞士、奥地利、匈牙利、捷克斯洛伐克等中欧诸国，于12月30日从柏林启程回国。

1936年1月3日，在新年到来之际，小林迎来了63岁生日。此后的第6天，即1月9日，小林横穿伦敦到达巴黎，于2月5日离开巴黎前往意大利，3月13日在马赛乘坐榛名丸踏上回国的旅程，并于4月17日回到日本。对小林来说，这7个月左右的旅程是其初次外国之旅。

在拜访欧美各国期间，小林对日本的认识发生了极大的改变。在此之前，小林一直认为"日本是世界五大强国之一"，但在巡游欧美各国期间，他开始思考"日本是不是一个非常贫穷的国家"。[1]文化方面，日本与欧美等国相比存在非常大的差距，甚至比欧美等国晚50年、100年。

那么接下来应该怎么办呢？提高国民生活水平这一点极为重要，首要任务便是"增强国力"。此外还必须扩大对外贸易。对此，小林作了如下表述。[2]

说起增强国力，应该做些什么好呢？如果回顾一下如今日本的建设历程就会发现，没有比通过与外国交涉、与其他国家成为搭档来增强国力更好的方法。资源匮乏的岛国日本，无论如何也不能模仿俄罗斯和中国，自给自足无法走向遥远的未来。当前世界没有完全孤立的存在，仍旧需要依靠从前积累下来的老方法，依靠与他国的交涉和贸易来增强自己的国力。除此之外，别无他法。

在小林看来，资源匮乏的日本想要变得富裕起来，除了像至今为止那样扩大与外国的贸易之外，别无他法。在退出国际联盟之时，小林担心日本会被世界各国封锁，但好在现如今不存在这样的担心，这是因为日本的实力已经得到了世界的认可，而国际联盟软弱无力，日本在组织内发展受限。不过，如果以在伦敦的见闻为基础重新考量的话，就会发现日本只是在英国编织的大网中挣扎而已。

日本对外贸易的结算方式中，英国的英镑占有5.5成，美国的美元占有3成，剩下的1.5成属于"满洲"。拜访英国之后，小林发现国际贸易中的8成都是用英镑结算的，剩下的2成是用美元结算的，由此可见国际贸易最终还是以英镑为结算单位。

这样看来，"如今已不是可以骄傲自大、即使孤立前行也能耀武扬威的时代，如果进展不顺利的话，国家有可能会变得困苦不堪"。[3]

批判统制经济

为了促进国际贸易的兴盛，小林提出必须要废止现行的统制经济，并展开了对统制经济的批判。想要促进国际贸易的兴盛，首先需要引导各种各样的事业走向兴隆。因此，要将政府事业移交给民间，且必须制止赤字公债的增加。

虽说要将政府事业移交给民间，但还是要由政府来统制。

在小林看来,"统制"是指进行合理的管理,并不是指由政府自身经营的官营事业。当时,为了扩充军备,政府不得不发行赤字公债,小林主张应尽可能地将官营事业出让给民间,以此来抑制赤字公债的发行。

小林并不反对充实军备,这么说是因为在欧美视察期间,他切身认识到"从世界大势来看,必须充实军备"的重要性。[4] 日本的国际贸易虽然进展顺利,不过由于缺乏财政信用,引起了汇率恶化。在这种情况下,日本贸易必须要侵入到英美的势力范围内,所以无论如何,"背后都要有武力支持"。[5]

与此同时,小林认为促进国家富强的国际贸易不能交由政府经营。举例来说,台湾的樟脑生意由官吏负责时规模很小,交由民营后才得到发展壮大,赤字公债也随之得以减少。

为了尽可能地减少赤字公债,扩充国家财政,不如借此时机大胆地将满铁和日本制铁的股票抛售出去,也许能立刻收回5亿日元,用其偿还一部分的公债。

但问题在于,如果政府没有股份,那么民间有可能会肆意妄为,这样也不可行。因此,有必要进行一定程度的国家统制。就像日本银行和横滨正金银行那样,即使是国家统制,也没有必要持有超过半数的股份。

将烟草事业和电话事业交由民间经营会更加合理。将烟草的专营事业交由民间经营，便能出口以金蝙蝠为首的各种各样的纸卷烟草。电话事业交由民间经营也会渐渐得到发展，由古河工业制造的电话自动交换机将能够出口到世界各地。如此，小林认为"在国家统制的名义下，将那些应该交由民间处理的工作交给政府处理的行为是错误的"。[6]

小林经营阪神急行电铁（箕面有马电气轨道）长达30年之久，从这几十年的经验来看，小林主张铁路最好也交由民间经营。国铁避开有陡坡的御殿场线，铺设了热海线，但因为热海线转弯处太多，速度反而提不上去。而且由于丹那隧道是计划之外的艰苦工程，所以建设费暴涨，导致热海线的建设以失败告终。此外，从热海到伊东也铺设了铁路，却犯了不合时宜的错误。就这片地区需要的交通工具来说，比起铁路，汽车反而更加便利。

将满铁和日本制铁的股份抛售，电话和烟草业交由民间经营，以此偿还30亿—40亿日元的公债，这些都很重要。通过这些举措，便可发行因充实军备所需要的赤字公债，还能阻止恶性的通货膨胀。

修正不合理的统制

在日本，并非人人都可以获得公共汽车的营业许可，因此竞争非常激烈，造成了城市内部交通混乱。在英国，地铁、公共汽车、出租车等经营在政府的管制下实现了均衡发展，城市内部的交通秩序也得到了保障。

在日本，所有公债都归金融机关所有，与国民无关。日本金融机构持有公债和社债，并不持有股份。而在欧洲，公债由国民持有。在视察欧美期间，小林有了如下想法：[7]

作为公债偿还资金，应将政府持有的有价证券移交到民间，在此基础上，为了充实必要的军备资金，无论如何也要坚决将与贸易相关的各种政府事业交由民间经营。此时应树立新的富国之策，增强国力。为了不输给全球的发达国家，必须努力学习。想到这些情况后，我便回国了。

若将政府事业交由民间经营，工业界、产业界普遍会取得蓬勃的发展，不单纯依靠军需工业的"稳步前进的发展"将持续下去，增税也成为可能。

如果是像俄罗斯或中国那样的"资源材料丰富的大国"还好，而在德国、意大利、日本这样的"如果不从国外进口资源就不能维持运转的国家"，只是"通过官营或国家统制，实现国际贸易的顺利发展"是不可能的。[8]只有通过将与国际贸易直接或间接相关的政府事业交由民间经营，才能实现"复兴经济"这一目标。

小林的目标并不是借此让财阀经营的产业得到发展,而是建立"公平分配利益的组织",并将其命名为"新资本主义"。因此,所有的事业收益都增加了限制。小林主张的"新资本主义"的具体内容如下。[9]

我想在此提倡新资本主义,它是公平分配利益的组织。也就是说,所有事业相对应的收益都增加了限制。首先是限制分红,比如公益事业、铁路或电灯、瓦斯等,以及作为公共事业的人寿保险、银行信托公司等,它们的分红是7朱(注:日本古时货币单位)还是8朱,应对此进行适当的限制。其次,剩下的利益在用作公司员工的幸福资金以及交给国家的缴纳金时,是实行变更章程还是根据特别法律制定规则,制造业等商务公司也都需要增加适当的限制。我坚信,实施这些举措能够促进利益的公平分配。

小林之所以提倡"新资本主义",是因为他认识到日本具备欧美等发达国家无法模仿的特色。在欧美等发达国家,贫富差距巨大,存在着严格的等级制度,但在日本却不存在这样的问题。每个人都可以通过努力在这里出人头地,"实在是一个很棒的国家"。然而,不论是经济还是文化都还比较落后,因此可以通过新资本主义将日本建设成一个贫富均衡的国家,全体国民都能得到惠顾的"安乐国度、理想故乡"。他坚信"新资本主义"可以促使日本走上富国之路。[10]

注释：

1 小林一三 [1936]，"欧美漫游杂感——关于统制下新资本主义的说明"。而且本书引用了1981年出版的社团法人经济俱乐部编《经济俱乐部50年上卷》(同俱乐部) 167页。
2 同上，167—168页。
3 同上，169页。
4 同上，170页。
5 同上，171页。
6 同上，172页。
7 同上，178—179页。
8 同上，179页。
9 同上，180页。
10 同上，180—181页。

第三部 人物像写照

从广泛交友探索"今日丰臣"的魅力与真面目

I 被称为"今日丰臣"

获得人气的秘诀

小林一三被称为"今日丰臣"。丰臣秀吉是平民出身,却平步青云升至摄政、关白(注:日本指辅佐天皇处理政务的最高职务),因此后世将这种与秀吉相像,出人头地之后手握重权的人称为"丰臣"。例如,政治家伊藤博文虽然是长州藩的低等武士出身,后来却升至内阁总理大臣之位,最终成为政界元老,手握重权;在战后经济高速成长时期的田中角荣,虽没有接受过高等教育,却成了总理大臣,他们都拥有"今日丰臣"这一别名。在实业家中,除了小林一三,被后世人称为"今日丰臣"的还有松下电器的创始人松下幸之助,以及大映社长永田雅一等人。

不过,根据东乡丰的《人类·小林一三》一书,可以了解到小林之所以被称为"今日丰臣",并不仅仅是因为他在实业方面取得的成功。德富苏峰认为,在日本的历史人物中,无论男女老少，大家都喜爱的人物有丰臣秀吉和源义经。在东乡看来，小林也是"由于深受民众喜爱才被冠以'今日丰臣'"之名的。

就像身材矮小的秀吉被称为"智慧的化身"一样，小林也被认为是身材虽矮小但"全身都被智慧包裹"的男人。小林的处世哲学与太阁秀吉相似，他曾讲过："出人头地的秘诀是活用他人和自己的天分"，"超过别人的方法"是"全力做好当下的工作"。也就是说，门卫全力做好门卫的工作，计算相关的人员全力做好计算相关的工作，各司其职。

小林为什么会如此有人气呢？这是因为他"一直是一位革新家"，总是将从未有人考虑过的事情，或者是考虑过却没有实现的事情——付诸行动。即使是在电铁的经营上，小林不仅考虑如何让电铁更加快速地奔驰，还想到了在电铁沿线建造住宅、兴办娱乐场等，以此来吸引更多的乘客。说起当时观看戏剧，不但要花上一天，门票动辄5日元或10日元，价格高昂。小林打造的宝塚少女歌剧时长为两三个小时，门票也只需50钱左右。

另外，小林的革新总是面向大众展开。他将所有的物品都"为了大众的便利而实施改革"。例如在梅田建造名为阪急百货商场的始发站百货商场，销售"比别处物美，比别处价廉"的商品。该百货商场食堂的咖喱饭，也作为面向大众的西餐获

全家福——从左依次是长女留子、三子米三、次女春子、长子富佐雄、妻子幸、一三、二子男辰郎 1917年1月 小林一三时年44岁

得了很高的人气。"大众与革新",正是小林获得人气的两个关键词。

东乡将"天真烂漫"作为小林高人气的另一秘诀列举出来。小林虽然年过60,却还拥有"孩童般的正直",为人处世毫无阴暗之处。例如在小林以董事的身份加入到东京电灯时,当时的社长若尾璋八由于是政友会的干部,东京电灯很难断绝同政党的孽缘。不过,自小林就任社长以来,东电便毫无与政党勾结的痕迹。[1]

成功之道

经常有年轻人向成为"今日丰臣"的小林一三请教成功的秘诀。小林对肩负下一代未来的青年寄予了很大的期望。

小林被拜托在面向大众的《实业之日本》《王》等杂志上分享自己的警世训谕以及处世之术,他对只顾着钻研飞黄腾达捷径的年轻人在不断增加的现状感到害怕,于是说道:"由于缺少那种拥有坚忍不拔的精神,将自己独有的特色努力发挥出来的优秀人才,我认为那些在各方面都相信自己的力量、不断向前的青年反而会更早崭露头角。"[2]即使会受到太顽固或者不懂变通之人的非难,也必须要坚持成为拥有自身特色的人,这些特色都很重要。

再进一步说,成功的秘诀就在于"成为某一领域的专家""或者成为某一行业不可替代之人"。小林认为,成为专家这一项比任何事都重要,原因如下。[3]

拿银行职员来说,若是拥有的外汇知识比任何人都多,那么他的出路一定会更加宽广。若他是外汇方面的专家,只要是外汇方面的事,无论是什么问题都会有人来询问他。无论是上司或是旁人,都会听取他的意见。这样一来,不仅自己在银行的地位会十分稳固,就连晋升空间也会扩大,这一切都是非常自然的事情。

还不仅只局限于一个银行，若是成为某一银行界的外汇专家，那么他的活动范围将会更加扩大，此人的前途也将不再局限于一家银行，无论去哪家银行都会备受欢迎，这种可能性是理所当然存在着的。若此人能成为日本外汇领域第一人，那他将会成为绝对无法替代之人。

成功的秘诀就是成为某一领域的专家，成为别人无法替代之人。在小林看来，"若是成为某方面的第一人，即使身无分文，也可以成就一番事业或取得其他方面的成功。只要拥有这样的能力，无论是人力还是金钱，都会从四面八方聚拢过来"。[4]这样的发言确实符合"今日丰臣"小林一三的作风。

不过，最重要的是"时刻反省自己，思考如何才能巧妙地运用一切"，而这需要"忠于自己的职务"，"不拘泥于是否拥有一技之长，只要能忠实地完成平凡的工作就行"[5]。不去抱怨，认真完成好自己的本职工作，提前30分钟到公司上班，即便是看似没有意义的事情，其实也很重要。

田边宗英眼中的小林一三

接着一起来了解小林一三的弟弟田边宗英是如何看待小林的。小林有三个同父异母的弟弟，而田边宗英是小林的第一个弟弟，曾历任后乐园运动场社长等职位。

在田边看来，小林在工作上"非常严厉、能被称为'今日丰臣'的话，看起来就是一位从不大意之人"。在个人性格方面，小林是"一位富有同情心，情感细腻，多愁善感之人"，而在面对松竹、阪神电铁等事业上的竞争对手时，则变身成为"一步也不退让"的"猛将"。小林一贯主张"采取像用酒炒泥鳅这种温吞的做法是行不通的"，如果一直磨磨蹭蹭，"就会受到别人的压迫，最终走向灭亡"。

不过，从个人层面来看，小林是一位极和善之人，他经常帮助和扶持遇到麻烦的亲戚。而且，若是有人请求他去帮助某个人，他也会欣然施以援手，也从来不会厌烦资助贫困学生上学、帮助不得志之人这类事情。

小林作为兄长，把几个弟弟照料得都很好，特别是最小的弟弟田边加多丸。小林总是让他"按照我说的去做"，所以介绍他去北浜银行、劝业银行就职，亲自照料培育他。如果在酒席等场合谈及女性的话题，小林就会劝诫加多丸："因为你是银行家，在去酒馆等地时沉默不语比较好。既然你是保管他人钱财之人，还需在个人生活方面得到他人的信任。"然而，他对待宗英则比较放任自由，"不管你是要成为军人，还是政治家，都要自己下定决心去做好"。可想而知，小林非常了解弟弟们的性格。

宗英还介绍了一段关于小林在三井银行时代的有趣逸事。那时的小林在岩下清周的手下工作，他发现岩下会按照顺序来看每天的报纸，便在不知不觉间将这些报纸积攒起来并按照岩下阅读的顺序放置。据说，岩下对小林敏锐的洞察力感到非常吃惊。[6]

注释：

1　东乡丰 [1938]，《人类·小林一三》（今日的问题社）246—252页。
2　小林一三"我的生活方式"《全集》第3卷4页。
3　同上，5页。
4　同上。
5　同上，23—25页。
6　上述《人类·小林一三》29—33页。

II 学习经营者所需的心理素质——岩下清周

命中注定的相遇

为了纪念岩下清周逝世3周年,小林在给岩下清周传记编撰会编撰的《岩下清周传》寄去的一篇文章中,是这样描述他和岩下的关系的:"从三井银行时起,尚在幼龄的我就经常承蒙先生的关照;而在创立阪神急行电铁的前身——箕面有马电气轨道时也给先生添了许多麻烦;之后的35年间更是一直单方面地蒙受先生的鸿恩。"[1] 小林一三在创办箕面有马电气轨道之时,岩下清周对他产生了很大的影响。

小林与岩下是在甲午战争后的1895年(明治二十八年)9月相识的。担任三井银行总行营业部部长的岩下,后被任命为大阪分行长,动身前往大阪赴任。小林在岩下成为分行长的两年多前,即1893年9月被分配到大阪分行。小林后来是这样回忆当时的岩下的:"我们是从三井时代起就经常碰面的朋友,不知为何就是感觉很投缘,性情很合得来。我得到先生很多的关照，包括前往大阪发展，以及在大阪出人头地，这些都是托先生的福。"[2] 若是仔细回顾小林在此之后的历程，会发现小林与岩下的相遇就像命中注定一般。

岩下就任三井银行的大阪分行长之后，便开始积极扩大往来客户的范围，其中特别增加了对松方幸次郎的川崎造船以及藤田传三郎的藤田组的融资。虽然三井银行给各个分店都规定了贷款额度，大阪分行却经常超过这个额度。岩下认为银行不应该像从前那样，仅仅办理诸如存款、商业票据贴现以及根据担保提供贷款等业务，还需要看清"事业和人"，培养那些大有希望的产业（工业立国论）。小林这样评价大阪分行时代的岩下："作为大阪分行长，在扩大往来客户范围的同时，首次将'事业与人'这种融入了近代感觉的思维付诸行动。比起办理存款、商业票据贴现、根据担保提供贷款这些千篇一律的业务来说，银行应该向前迈进一步，开始经营'事业和人'这种贸易关系。"[3]

从三井银行辞职

小林从三井银行辞职也是因为受到岩下清周的劝说。岩下经营银行的方式触怒了三井银行的理事中上川彦次郎，被降职为横滨分行行长。岩下收到成为横滨分行行长的任命后，便立即从三井银行辞职,成立了北浜银行。北浜银行于1896年(明治二十九年)12月成立,资本金为300万日元,岩下就任常务董事一职。小林在犹豫是否应该加入北浜银行,此时受到了继任的大阪分行行长上柳清助的逼迫,催促他尽快决定是否前往北浜银行,甚至还将小林从贷款科调到受理存款这种闲职科,但小林还是没有下定决心从三井银行辞职。后来小林经常去拜访北浜银行或者岩下的府邸,倾听岩下的教诲。根据小林的回想,当时的情况如下。[4]

每到大阪,我就会去拜访北浜银行,也会去岩下先生的住宅,然后从岩下那里听到各种各样的事情。北浜银行的发展势头良好,生意兴隆。我没有问过岩下先生关于对事业的抱负或理想这种一本正经的问题,也几乎没有和他探讨过关于这些的具体指示、意见等。我只是从各种杂谈里去猜想、去询问,然后揣摩其中的意思和目的,而这些都只是我的个人理解。北浜银行的发展态势之好,完全超出了我的想象,令我震惊不已。

北浜银行着力于发展各种各样的事业,这为大阪财界做出了一定的贡献,岩下也以大阪的导向型实业家身份大放异彩。在小林看来,若是岩下问他"要不要来大阪"的话,他便立刻做好从三井银行辞职的准备,可惜这样的邀请一次也没有。不仅如此,从三井银行辞职后就任北浜银行副经理的小塚征一郎还被升为经理。这样一来,关于下次会不会轮到小林离开三井银行,继任副经理职位的流言便传了出来。岩下则劝告小林道:"你已经逐渐开始取得三井银行的认可,现在辞职对你来说是一种损失,所以你还是留在三井吧。"[5]

不过没过多久,事情就迎来了转机,小林收到了成为岩下在大阪创办的证券公司的经理的邀请。借助在银行的工作经验,小林已经充分具备了有价证券的相关知识。最重要的是,小林被评价为绝对不会染指投机,被认为是一个讨厌投机倒把行为之人。虽然小林的妻子反对小林从三井银行辞职,不过小林认为一直待在三井银行是不会有任何出人头地的机会的,他毅然决定前往大阪。但后来由于遭遇了日俄战争后的经济危机,设立证券公司的计划流产了。

从工薪阶层转变为经营者

设立证券公司的计划以失败告终后,小林一三便开始参与到箕面有马电气轨道的创业中去。小林拜访了岩下,提出想让其提供帮助的请求后,就像本书第一部中讲述的那样,岩下一边欣然承诺,一边询问小林:"首先,如果你拜托我去做这件事,像你这样措辞是不行的。你也是从三井离开、谋求独立的人,所以应该懂得让人看到你的决心的重要性,即将其作为自己一生的工作，承担责任、全力以赴地去做。如果有这种决心，那就应该是一份有趣的事业。但是，公司整体以及工作本身有没有什么问题呢？"岩下的这番话给即将开始事业经营的小林带来了巨大的影响。小林是这样反思想要着手经营事业的自己：[6]

迄今为止，我除了每月领取薪水外，没有其他的经验，所以对事业应该负怎样的责任，以及将事业进行下去的方法等毫无信心。在拜托岩下帮忙筹措股东的基础上，若是他能在公司成立后，再作为公司的董事领取工资的话，我就会更感激不尽了。这么一来，我就不用再次成为无业游民。我只考虑到了我自己，所以才提出了这种不切实际的要求。

小林这样回想当时的事情："岩下先生提醒了我，在成为独立的经营者后要有承担责任，推动事业发展的决心，我在之后开始慢慢变得更加沉着且有胆量了。"[7]小林还讲道，当时自己做好了若是失败就自己出钱填补这四五万日元损失的思想准备，之后才为创业做好一系列强硬的准备。小林是从岩下那里学习到如何做好事业经营者的相关知识的。

北浜银行在1914年（大正三年）发生了挤兑事件，并于该年8月宣布破产，岩下也被告发有渎职、伪造文书等不法行为，这就是世人所讲的"北浜银行重大贪污事件"。不过，岩下的罪状几乎都是不实之罪。而那些在过去深受岩下关照的实业家们，如今都装出一副毫不知情的嘴脸。小林对此感到非常愤怒，坦率地讲道：[8]

大正3年间，发生了北滨银行事件，也发生了关于岩下清周本人的重大贪污案事件。当时，那些深受岩下先生关照的人，对于这件事的内容，都抱着"岩下会怎样都无所谓，只要自己好就行"的想法来行事，完全忘了曾经从岩下先生那里受到的恩惠。

因此，我也彻底认识到了人类这种生物。在你遇到紧急的时刻，都是不能依靠的，实在是过于薄情。在当今世道，我要做一个仰不愧于天，俯不愧于人，无论到哪也不会麻烦别人的人。只有靠自己才能堂堂正正地做自己想做的事情，除此之外，别无他法。自此之后，我也完全改变了对待人生的态度。我相信，我和我的事业至少是以此为契机才发生改变的。

据说，小林是通过北滨银行事件开始考虑谋求独立的，想要将箕面有马电气轨道变成"自己的公司"。小林决定不再看大股东的脸色，或者根据他们的意见来维持公司经营，而是由自己负责经营下去。后来，小林在《歌剧十曲》（1917年）这本自著中曾写道："谨以此书献给岩下清周老先生"，以此来表达对岩下的感谢，具体内容如下。[9]

托阁下的福，我的公司才会诞生在这个世上。箕面有马电气轨道（将1600多名股东共同持有的股份公司变成我自己的公司，也许有些不太合适。不过背离这种法律论，我一直都想请您宽恕我将公司看成自己的公司的习惯）正好是在10年前成为我的公司。在公司的11万股份中，大约有5万股的承兑人违约，公司成立面临搁浅，作为发起人的旧阪鹤铁路公司的诸位董事想要就此解散。就在那时，我站了出来。我决定承担所有责任，把成立公司之事包揽下来。之后，承蒙您的关照，对我的帮助实在是如雪中送炭一般及时。虽然我也拜托阁下的深交好友，以及我们甲州派的诸位前辈们，希望他们给我一些建议，但帮助并不大。由于股票认购满额的可能性较低，最终还是要拜托北浜银行认购剩下的股票，我的公司因此才能成立。

注释：

1　小林一三 [1932]，"我对岩下老先生的误解"故岩下清周君传记编撰会编《岩下清周传》第6编（同会）332页。

2　小林一三"我的生活信条"《全集》第3卷525页。

3　小林一三"逸翁自叙传"《全集》第1卷40页。

4　同上，115页。

5　同上，87页。

6 同上，137—138页。
7 同上，141页。
8 小林一三"我的人生观"《全集》第1卷229页。
9 小林一三[1917],《歌剧十曲》(宝塚少女歌剧团)1—2页。

Ⅲ 跨越半个世纪的友情——松永安左卫门

小林与松永的相遇

小林一三逝世后，构建了第二次世界大战后九大电力系统，被称为"电力之鬼"的松永安左卫门，在由阪急电铁出版的《小林一三老先生的追想》一书中，以电力中央研究所理事长的头衔为该书寄去了一篇名为"半个世纪的友情"的文章。从松永的文章被放在《小林一三老先生的追想》的序言部分来看，可以推测出小林与松永的关系相当亲密。

小林比松永年长两岁，两人是庆应义塾的同窗，但由于松永上学期间回故乡隐岐两三年，才到东京读大学，又独立做买卖，所以两人在庆应义塾并没有见过面。小林从庆应义塾毕业后便就职于三井银行，他在名古屋分行和大阪分行时，曾在同是庆应义塾出身的平贺敏分行长手下工作过。松永是通过平贺以及在平贺手下贷款科工作的田中德次郎的介绍，才与小林相识的。

当时，松永与福泽谕吉的女婿福泽桃介一起，在大阪经营着福松商会，做煤炭生意。那时的小林从三井银行辞职后，为了成立证券公司，正好要从东京转向大阪发展。在此之后，直至小林去世的1957年，两人持续了近半个世纪的往来。松永认为之所以可以持续这么长时间的友谊，在于两人的性格正好相反。[1]

我们两人的性格正好相反，我比较毛糙马虎，很难做到严格遵守时间，还多少有些爱浪费，而小林先生非常认真，严格遵守时间，对待金钱等经济问题也非常缜密细致。可以说正是在这截然不同的性格之间，诞生了两人剪不断的友情纽带。

就这样，松永安左卫门得到小林一三的知遇，两人开始了长时间的往来。但不可思议的是，两人从未一起参与到同一项事业中。就让我们通过小林与松永的交往，来近距离观察小林的真实形象吧。

野江线重大贪污案事件

箕面有马电气轨道的计划路线是指连接大阪梅田到箕面公园，还有宝塚到有马的路线。这条铁路于1906年（明治三十九年）获得修建许可。小林在某一天拜访了松永，与之有如下商谈：[2]

仅仅依靠梅田这个终点站是无法进入大阪中心地带的。若是将其延长，使之能与位于东大阪野江的京阪电车相连，由于梅田—野江之间有很多工厂，淀川下游的水路也很发达，货物的集散也很活跃，将来一定能实现很大的发展。若是铺设支线，就需要增加投资，不过我已经做好了相应的预算。由于该线中途需要经过市内，所以如果拿不到市会的批准决议就束手无策了。而我知道你跟市会议员等人交情深厚，所以能不能请你帮忙从中周旋，助我拿到批准。

简言之，由于野江线要穿过大阪市内，小林需要得到市内的批准，他便拜托松永帮忙与市会议员交涉。松永考虑到这对箕面有马电气轨道的发展来说是件好事，便恳求既是市会的老板，也是松岛红灯区的工会会长天川三藏，以及市会议员七里清介给予帮助。天川帮忙联系了大阪市的实权人物——第一助理松村敏夫，有望能得到大阪市的批准。于是，小林便开始着手准备增加投资，并将增加资金的股份赠送给松村、天川、七里3人。野江线问题于1907年9月2日得到了市会的认可，不久后也得到了内务省的认可。

不过，在此之后的1910年，由于调查市电路线铺设的检事局的搜查，涉及到了关于野江线铺设的行贿受贿事件。小林将增加资金的股份全权委托给松村处理的行为属于行贿。实际上，根据当时的法律，行贿的一方是不会受到处罚的。但小林和松永考虑到若说出事实会给对方添麻烦，所以即使被收监到堀川监狱，接受检事的审问调查，二人也没有说出真相。

这个事件以福泽桃介代替松永陈述证词后了结，小林和松永二人都得以出狱。根据松永的观察，这段时间小林的表现非常沉着冷静，在接受调查的缝隙间还不时吟咏俳句。

"不关心"

据说，松永安左卫门认为小林一三的性格中有着"不关心"的成分。"不关心"的意思是指"不会面红耳赤""不着急""下定决心后不会动摇"等。即使发生了许多事情，只要是和自己无关，便不会去了解，小林就是这样的性格。

松永将美国哈佛大学的哈佛精神作为"不关心"的例子来进行说明。哈佛大学虽然是美国的名牌大学，但即使全国的教师和学生都因为总统选举兴奋不已，哈佛大学的人也根本不想听到这些事，只将探索真理作为自己的使命，默默地研究自己的学问。

由福泽谕吉创办的《时事新报》在面临即将被迫废止的危机时，在庆应义塾教授英语的70岁高龄的门野几之进认为，在自己的有生之年决不允许福泽创办的新闻社破产，所以不惜拿出自己的钱财也要保住报社，还向松永、小林等人求助。松永不得已只能在数十万日元的借款票据上盖章。

松永跟小林协商过此事，小林认为：《时事新报》早晚都会破产，再怎么自掏腰包也是杯水车薪，即使这是福泽先生的事业，该破产的时候还是会破产。你们想要帮助报社是你们的自由，不过要想将自己的同伴也拉下水还是算了吧。小林又一次秉承了"不关心"的态度。虽然有人认为小林丝毫不关心庆应义塾的事情，对其态度表示很气愤，不过松永却认为"小林说的话合情合理"。

尽管如此，小林还是有一次没能贯彻"不关心"的态度，这件事发生在长子富佐雄的面部手术结果没有预想中那么好的时候。如果经过理性的思考，他会想到若是去医院看望，一定会受到打击，这样做对富佐雄以及自己都不好。但是，小林还是破了"不关心"的先例，去医院看望了富佐雄。结果当然是受到了相当大的打击，加重了自身病情。即使是小林，在父子深情面前，也无法全面贯彻"不关心"。[3]

注释：

1 松永安左卫门 [1961]，"半世纪的友情"小林一三老先生追想录编撰委员会编《小林一三老先生的追想》(阪急电铁)7页。
2 同上,8页。
3 同上,20—28页。

Ⅳ 茶道交流

茶道与小林一三

据说小林一三是在三井银行抵押科工作时,才开始对茶具上心,变得有所关注的。不过,小林正式学习茶道是在明治末年,在参与箕面有马电气轨道的经营之后才开始的。当时小林40岁半,与家人一起在表千家的生形贵一师傅门下学习茶道,据说他每次都会细心地做笔记。小林之所以学习茶道,可以说很大程度上受到了三井银行的老前辈高桥义雄的影响。

高桥是小林最初在三井银行的大阪支行工作时的分行长,是一位爱好茶道、美术、工艺品的风雅之人,自号"箒庵"。他是小林从庆应义塾时代起的旧知,也是帮助小林进入三井银行的引路人。小林于1931年12月25日在东京的家里修建好茶室,便立即招待了高桥,举办了"开席茶会"。

小林本来就对美术品很感兴趣,学习茶道后,他便开始正式收集茶具。特别是在1935年到1936年间,小林富有热情地购入了很多茶具，其中包含了小林独特的"眼光"。购入的物品不仅仅是外来货或者是受世人追捧的作品，还有很多是遵从小林自身审美品味购入的。[1]

小林参加了很多诸如"药师寺会""延命会"等茶会。药师寺会是由松永安左卫门发起、举办的茶会，与会人在东京的"金水"一边品茶，一边聆听药师寺住持桥本凝胤讲经。除了松永和小林，畠山一清、五岛庆太等实业家也会来参加，古美术商斋藤利助作为发起人更是每月都会举办一次茶会。

不过，随着中日战争的激化，桥本住持难以去东京，参加茶会的众人也七零八落，茶会的召开随之变得困难起来。因此，小林在自己位于池田的住宅——雅俗山庄中开辟了"即庵""大小庵""楳泉庵"等茶室。其中"即庵"是由小林亲自设计的、带有椅子座席的茶室。"雅俗山庄"的"雅"指文化、艺术的世界，"俗"是指每天的生活以及工作、政治的世界。对小林来说，"雅"和"俗"是不可分割的共同体。

药师寺会除去8月，每月会举办1次，一年共举办11次，在小林突然离世之前，共计举办了151回。不管在东京的工作有多忙，小林都会回到池田的家里参加茶会。在成为商工大臣，作为荷属东印度使节出差时，他还留言提到"茶会不要停歇，照常举行"。小西造酒的小西新右卫门、盐野义制药的第

北摄聚会，1954年，从左数第三位是小林一三，时年81岁

雅俗山庄（现为小林一三纪念馆）

二代——盐野义三郎等实业家，膳所烧的陶匠——岩崎健三、真宗御流的花道家——佐分雄三等艺术家都来参加茶会，甚至还招待了本色纱师傅，在小林的亲属中，二子松冈辰郎的夫人千惠子、次女也是鸟井吉太郎的夫人春子等人也参加茶会，多的时候能有20多人。药师寺会通常从上午9点，由药师寺住持进行2小时的讲经开始，之后是在食堂享用怀石料理，饭后转入茶会，最后在傍晚4点左右散会。

在小林参加的茶会中，据说"延命会"是聚集了来自众多领域的爱好茶道之人的茶会。最初是由原日本劝业银行总裁石井光雄聚集一群友人，举办聆听美术学者荻野仲三郎以及佛教学者铃木大拙讲座的聚会，后来由于斋藤利助担任发起人，便慢慢发展成茶会。不触碰任何关于金钱的东西来延长寿命，这是该茶会名字的由来，专门探讨关于古美术品和茶具的话题。发起人斋藤在得知小林很期待这个茶会后，便在小林每月一次来东京时与之会见并召开茶会。不仅松永安左卫门、服部玄三（服部钟表店第二代社长）、五岛庆太（东急组创业者）、畠山一清（荏原制作所创立者）、根津嘉一郎（东武铁路第二代社长）这些财界人会参加茶会，川喜田半泥子（陶艺家）、田山方南（墨迹研究家）等艺术家和学者也会参加，规模相当大。

作为"茶人"的小林与松永

松永安左卫门于1934年正式进入茶道世界,比小林一三晚很多年,这一年他年近花甲。在这一年的5月1日,由三重县桑名的实业家诸户静六举办的茶会首次招待了新客,松永便是那名新客。在翌年60岁时,他修建了最初的茶室,并由论语中的"六十耳顺"引申而来,将茶室命名为"耳庵",之后还将其作为自己茶人身份的雅号。

松永进入茶道界较晚,但仅用了3年就成功加入到近代爱好茶道之人的行列中,并与益田钝老先生(孝)以及原三溪一起享受茶会。松永的茶道并不拘泥于流派,也不局限于礼法,是一种自然朴实的茶道,将茶道视为"人类修养的道场"。小林高度评价松永的茶道,具体内容如下。[2]

像松永那样,在对茶道感兴趣的短短3年间,能够如此热心学习茶道的人应该没有吧。尽管他平时非常忙,每天都被俗事缠身,但每月还是会参加五六回茶会。不仅会勤勤恳恳地记笔记,还在写文章时毫不浪费笔墨,将茶道的内容以随笔的形式书写下来。不管是和歌还是俳句,即使只是一寸左右的样本也能被别人看见,身上闪耀着才华的光芒。他对待美术的独特见解也一点不像晚年才开始学习的新手,可以很快掌握要领。我觉得松永很了不起。

小林是这么分析松永的性格的:"不管别人怎么说,在他达到目的之前他是不会中途放弃的,这种坚强的毅力和专心致志的态度,以及环视世间、顾虑周全的做法,让他和内向可爱这种说法完全没有关联。"他的大胆也表现在茶道上面,具体是指他抛下了"高傲、独自享受喜悦、唯我独尊",但是"仅仅用3年的时间就进步到可以与天下闻名的大茶人——益田钝老先生、原三溪老先生相角逐的地步,不得不说他让人感到羡慕、吃惊和害怕",让人甘拜下风。[3]

另一方面,与小林一起举办"延命会"的荏原制作所社长甾山一清,将小林的茶道与他的事业重合在一起,并做了如下评价:[4]

逸翁虽身材短小,但才气焕发,以创设有名的宝塚少女歌剧为首,巧妙地捕捉民众的心理,作为日本实业家很早就声名远扬,甚至还成为商工大臣,位极人臣。小林在茶道方面,不管是备用茶具,还是茶席的设计,都极富对普通百姓的体恤、爱怜。因此他并不满足于套用古老模型的常规做法,提倡顺应新时代的茶道,并勇敢地以身则,为众人做出典范。

在小林的茶道里,茶具与茶席设计等都极富平民气质,他不满足于古老模型里定下的常规,提倡顺应新时代的茶道,并自发开始实践。其与小林大众本位的事业也有密切结合。比如,在战后举办的茶会中穿西装的客人增加后，他便安排换掉怀石料理，使用可以在椅子和餐桌上轻松享用的西式料理。1952年2月中旬，在下雪的镰仓召开茶会时，则使用了洋楼里温暖的起居室，将阳台作为茶席，将扫除窗作为膝行口。

既是歌人也是住友本部常务理事的川田顺，也讲过同样的话。据川田所说，某段时间他曾与京都大学的教授新村出博士一起，应小林邀请参加在大德寺的小寺院举办的茶会。新村博士是南洋研究界的权威人物，因此那次茶会小林专门使用从南洋进口的玻璃器具。之后，新村博士讲道："即使在这样的玻璃器具里也可以点茶。即使在出洋的船上，也可以在桌子上举办茶会。因为茶道本来就是平民的东西。"[5]

提倡"大乘茶道"，希望普及茶道的小林，将"怀石料理的简略化"付诸实践。由于在战争及战后都属于物资匮乏时期，在举办茶会时，为了不让怀石料理给家庭增加负担，小林便提议设计一汤一菜、一汤两菜的菜单，或者将西餐加入到怀石料理中，这一想法便派生出了终极怀石料理——"大碗盖浇饭"。即使只有一碗大碗盖浇饭，只要有精心招待客人的心就好。小林还批判了讲究提供气派的怀石料理，使用数量众多的珍贵器物的"道具茶"。

从这种思想出发，在1954年2月9日，由茶具商北川无庵发起，在池田的周边，开始由所谓的北摄之地爱好风雅之人轮流举办名为"北摄大碗盖浇饭会"的茶会。这时的小林已经超过80岁高龄，不过这也正体现了小林理想中的"朴素即茶道"的世界。在1957年1月20日举办的"北摄大碗盖浇饭会"，成为小林人生中最后参加的茶会。在茶会结束后第5日，即1月25日，小林就因急性心源性哮喘而突然离世，而这正发生在小林刚为翌日在家中举办的茶会设计备用茶具之后。[6]小林在离世之前都没有停下在茶道上倾注热情的脚步。

注释：

1 公益财团法人阪急文化财团·逸翁美术馆·福冈市美术馆编 [2013]，《茶道交游录小林一三与松永安左卫门——逸翁与耳庵的名作收集》（阪急文化财团发行，思文阁出版发售）9页。

2 竹田梨纱"雅俗和闲寂"前述《茶道交游录小林一三与松永安左卫门》132页。而且，原资料是小林一三 [1946]，"松永耳庵所著"《雅俗三昧》（雅俗山庄）。

3 同上。

4 畠山一清 [1961]，"茶会交友记"小林一三老先生追想录编撰委员会编《小林一三老先生的追想》（阪急电铁）55页。

5 川田顺 [1961]，"我不足为敌"上述《小林一三老先生的追想》76页。

6 上述《小林一三老先生的追想》年谱，686页。

V 友人录

平贺敏

小林一三于1897年（明治三十年）1月下旬前往三井银行名古屋分行赴任，那里的分行长是平贺敏。平贺于1859年8月（安政六年七月）出生，是江户骏河台地区旗本的平贺昌梦的第四子。平贺在中上川彦次郎的引荐下加入到三井银行，在总部工作两三个月后就荣升为名古屋分行长，而他与小林的相遇正是在他刚刚成为名古屋分行长之时。小林是这样评价平贺的："虽然关于银行的工作，平贺完全是外行，但他是清秀高雅的才子，是突然爱上广受追捧的名媛的风雅人物。"[1] 小林在名古屋的生活也称不上作风良好，不过由于是在平贺经理手下工作，所以平贺对此大都睁一只眼闭一只眼。[2]

当时，三井银行每年都会在东京总部召开2次分行长会议，各分行长必须向专务董事中上川作营业报告。平贺敏在银行的资历虽浅，但在社交方面可以说是无懈可击的，他的演说也很精彩。关于平贺有一个这样的评价：比起银行的经营，他对名古屋的社会形势以及人物动态的了解程度，远远超过其他的分行长。

在关于应该采取银本位制还是金本位制的争论持续不断的时候，平贺从日本银行名古屋分行长那里借阅了调查记录，在参照名古屋地方实情，详细比较完二者的优缺点之后，将结果交给了东京总部。因平贺是金本位论者，而中上川是银本位论者，所以两人之间并未得出结论。不过，平贺也没有做什么特别让中上川厌烦的事情。

不知道是不是因为这件事，平贺虽然加入三井银行尚不足3年，却已经从名古屋分行长荣升为大阪分行长。这时平贺邀请小林来大阪分行，不过附加了"若是来大阪，需要尽快得到细先生的同意，在此之前无论如何都不能来大阪"的条件。[3]由此，小林得以再次赴任大阪分行，在平贺分行长手下工作。

1901年10月中山川去世，在早川千吉郎成为代表之后，三井银行便失去了原来的气势，进入停滞期。在这个背景下，银行流失了很多人才。平贺也主动辞掉大阪分行长，首次在大阪实业界亮相。就像小林如下的记述一样，平贺是各公司纷纷争夺的人才[4]：

此时，我的前辈平贺敏先生也主动辞去大阪分行行长之位，

315

参与到各种事业的计划中。大阪筑港也终于开始实施。

实施筑港工程，需要成立水泥公司，制订筑港填埋地计划，成立土地公司，以及在填埋地上新开一家筑港钟渊纺织分工厂（这是为回应钟纺股东增加投资的请求，由武藤山治君提出的用成立新公司来取代增加投资的计划）等。在财界方面则需要在我国首次尝试证券经纪人营业（由藤本清兵卫君将其实现）等，藤本在各方面都聚集了很高的人气。

小林成立证券公司一事以失败告终，成为无业游民，只能暂时借住在一栋平房里，该平房位于天王寺岛辻町的藤井别墅的府邸内，谁知后来平贺也搬到该府邸两层高的上房里。在受到日俄战争负面影响之时，平贺参与的事业全部受挫，接手的樱花水泥公司也正在困境中挣扎。于是，在小林创办箕面有马电气轨道时，平贺将樱花水泥二楼的一个房间以20日元的租金租给小林，让他将其作为公司的事务所。不管是勤杂工，还是跑腿人员，就连电话费都由樱花水泥公司负担。

小林在经营箕面有马电气轨道时，从平贺那里得到了很多援助。在箕面有马电气轨道的经营步入正轨后，小林将一直以来关照他的岩下清周聘为公司的社长，而在岩下因北浜银行事件失势后，他便将平贺聘为社长。在经营箕面有马电气轨道（阪急电铁）时，小林将三井银行时代的两位上司聘为社长。小林既敬重平贺为社长，同时很好地利用了平贺的才能。比如，在传出箕面有马电气轨道将与阪神电铁合并的流言时，小林就劳烦平贺社长解决此事，平贺以老道、熟练的谈话技巧讲道："小林是一个任性之人，若是投身到阪神，一定会失败的。"以此委婉地拒绝了与阪神合并的提议。[5]

池田成彬

池田成彬于1867年8月（庆应三年七月）出生，仅仅比小林一三年长6岁，是米泽藩（现在的山形县）藩士池田成章的长子，从庆应义塾的理财科毕业后进入到三井银行的调查科，并于1896年（明治二十九年）赴任大阪分行。大阪分行长岩下清周从三井银行辞职后，由上柳清助继任大阪分行长，之后没过多久，池田便作为辅佐上柳的副行长上任。小林在《逸翁自叙传》中讲道："此时，池田成彬被委任为副行长，辅助上柳氏的工作"，直到那个时候小林才第一次见到池田。[6]

1901年1月，小林以为自己将担任箱崎仓库主任，独自去往东京，却在一夜之间被改为副职，翌年更是被贬到总部的调查科检查组，小林自此迎来了"难以忍受的忧郁时代"。而池田却开始在三井银行崭露头角，并在1904年12月成为总部的营业部长。小林这样讲述当时的三井银行和池田成彬。[7]

银行的工作一点意思也没有。其实调查科所谓的工作，只要大家积极组织活动，制订总参谋部性质的计划，工作要多少有多少，并且一定会很有趣。然而与其说领导人早川专务理事对新人很客气，倒不如说他实际上是一名无能的圆滑之徒；科长林君更是缺少霸气，软弱到令人着急。三井银行变成池田成彬君一人的天下，受在大阪以来的关系影响，我很难再有晋升的希望。只能暗自下定决心，无论如何都要抓住离开这里的机会，除此之外别无他法。

小林于1907年1月从三井银行辞职。他在看到池田顺利地出人头地后，就断定自己将不会有任何出头的机会。后来到了1909年，池田等人断然实行了对三井银行的改革，小林的后辈晋升到董事行列，三井银行也慢慢迎来了新时代。

小林是在池田的全盛期从三井银行辞职的，万万没想到还会再次与池田相遇。1927年7月，小林在池田的劝说下就任东京电灯的董事。东京电灯在若尾璋八的散漫经营下，情况显著恶化。由于三井银行给东京电灯提供了巨额融资，无论如何也必须让公司的经营回归正轨。于是，小林一三成为池田特别钦定之人。小林作为箕面有马电气轨道的经营者大获成功，在这一年的3月还就任了阪神急行电铁的社长。

小林于1940年7月成为第二届近卫内阁的商工大臣，也是池田从中牵线搭桥的。由于池田在第一届近卫内阁中担任过大藏大臣兼商工大臣，所以在近卫第二次组建内阁时，向其推荐了小林。

石山贤吉

石山贤吉在《钻石》创刊时，到大阪之后最先拜访的就是小林，向小林打听了关于经济界和公司经营的事情，还拜托小林为其介绍一些大阪的名流。由于位于梅田的阪急电铁总部距离火车站很近，所以石山最先拜访了这里。

小林通过实例向石山介绍了各种经营的要义。资产有时不仅指土地、建筑物、机械这些有形资产，还包括字号这种无形资产，并举出了下面这个实例：在大阪，从江户时代起便有一个叫作"糯米糖栗子"的老店。然而，店家的孩子们都没有继承家业，长子从学校毕业后便入职伊藤忠商事，在海外分店工作。次子进入电公社成为理学博士。服兵役的三子在战败回国后，便去找亲戚高碕达之助商量以后的安身之计。高碕认为，若是都像长子和次子那样每月领取固定薪水的话，有些无趣，便建议三子不如再次振兴糯米糖栗子。三子听从了高碕的忠告，在高碕的出资帮助下再次振兴了这个老字号。付完货款后，原料的进口商便开始供给原料。商品店也都很开心，将糯米糖栗子摆在自己的店里售卖。糯米糖栗子就这样实现了华丽复兴，三子也过上了比长子和次子更加富足的生活。小林就这样将隐藏在信用背后的老字号等无形资产的重要性告诉了石山。自此以后，石山更加重视信用，并慢慢地开始经营钻石社。[8]

高碕达之助

高碕达之助历任满洲重工业开发总裁（1942年就任）以及电源开发总裁（1952年就任）等，还于1962年（昭和三十七年）和中华人民共和国廖承志一起，共同在《与LT贸易相关》的简略文书上签字，因此为世人所知。

不过，实业家高碕的出发点是水产业。高碕在农商务省水产讲习所学习后，便在借着日俄战争后兴起的罐头制造热创办的东洋水产，也就是在以三重县的码头作为大本营的罐头制造公司上班，但该公司的事业最后以失败告终。1911年高碕转而就职总部位于美国圣迭戈，名为墨西哥万博渔业的水产公司。

阔别祖国5年后，高碕在1916年（大正五年）的春天从美国返回故里，这是因为他接到了甲州财阀中的一员——小野金六的委托。担任社长的小野金六想为出口食品股份公司的鲑鱼罐头工厂配备美式罐头制造机器。

高碕深切认识到，有必要为罐头业者成立一个使用美式罐头制造机器的罐头制造联合公司。他便去找祭原、松下等大阪的罐头业者协商，想要创办一家拥有50万日元资本金的东洋制造罐头公司。在与出口食品公司的小野金六商讨募集股份事宜时，小野将自己的外甥小林一三推荐给了高碕，并说他"作为商谈对象一定错不了"。在召开发起人创立大会时，高碕提议要不要将小林也纳入发起人之一，没想到竟遭到其他发起人的强烈反对。他们的反对理由是：小林"属于岩下清周的门下，与罐头业没有一点关系。他还是一位了不得的谋士，不可大意。他在大阪有'今日丰臣'的绰号，所以和我们关西人根本合不来"。

即便如此，高碕还是去阪急电铁的总部拜访了小林。高碕与小林的对话非常有意思。小林向高碕询问了一些关于美国铁路的事情，高碕回答道："铁路在以前是个有利可图的事业，它的股票都被炒为热门股票，可是现在资本家都对可以实现垄断的公共事业的铁路股份失去了兴趣。"小林回应道[9]：

你知道吗，通过运输人来赚钱属于人力车夫的工作。美国的铁路业者都还没有从人力车夫的领域中跳出来呢。只要铺了铁路，那么人流就会涌进来。一旦有人过来，就需要住宅，也需要食品材料，还需要娱乐和社交场所。而这些都属于自由竞争，从这些方面考虑赚钱途径的话，难道不是铁路业者的特权吗？

只是做运输工作的话便与"人力车夫"的工作无异，不能称得上是铁路事业。关于非常重要的东洋制罐公司的创立，由于是给予小林关照颇多的小野先生的委托，小林不介意作为名义上的发起人或董事，但他是不会出资的。高碕瞬间感到小林是一位"比传闻中更为爽快之人"。之后，二人还有多次会面，但每次只有5—10分钟左右，然而"每每相见，一定会学到一些新的思考方式"。据说，小林是高碕人生中的"一大指南"。[10]

大屋晋三

帝国人造丝绸的社长大屋晋三于1947年成为参议院议员，在1949—1950年间，一直担任第三届吉田茂内阁的运输大臣。在任运输大臣期间，大屋创办了作为公共企业体的日本国有铁路，并推荐小林出任第一代总裁。大屋对小林"头脑敏锐，有独创性，不拘泥于普通常规的实业家"的印象赞赏有加，据说大屋读过小林几乎所有的著作。他如此讲述推荐小林担任国铁第一任总裁的理由：[11]

我国首次尝试创立的国有铁路，作为一项公共事业，其今后的发展方向，很大程度上取决于第一代总裁人选。我认为小林一三是最合适的人选，因为他不仅是一个创造力强、独立、自尊、信念强烈且纯粹的民间实业家，还是交通、铁路经营方面的第一人。尽管小林先生年事已高，而且对于实业家来说，公共企业体的工作有些过于无趣。接手这个工作对小林先生来说可能是个麻烦，但我还是想恳请他出马。

大屋正是那样评价小林，并将其推荐给吉田首相的，但当时的小林还处于开除公职期间。他便通过吉田跟GHQ的麦克阿瑟元帅沟通，麦克表示这虽然没有先例，但如果这个国家枢要的位置无论如何都需要小林这个人才，也不是不可以解除对其公职的开除。大屋即刻便派出使者，拜托小林就任国铁第一任总裁，小林答应了他们的邀请。（不过，就像第一部中论述的那样，在小林一三的日记中可了解到他后来又以年岁过高为由辞谢了。）

大屋很开心地办了手续。在向民政局局长惠特尼递交了解除公职的申请后，惠特尼对其讲道：若是同意了小林解除革职的申请，那么后续会不断有人来申请解除革职，这样的话，日本政府也会很难办的。这些话传到了吉田首相耳中，吉田也认为很有道理。

这么一来，国铁总裁的选任就又回到了原点。后来由运输次官下山贞则兼任国铁总裁，结果下山不久就死于非命。大屋虽然知道这么想是于事无补的，但他还是会忍不住想：若是由小林就任第一任国铁总裁，国铁的未来会变成什么样呢？[12]

三宅晴辉

小林一三的传记《小林一三》（日本书房，1959年），著者是三宅晴辉，三宅介绍了小林一三的一些奇闻逸事。他认为小林是一位"伟大的创作家"，具体体现在"他能够通过自己的思考，大胆地将别人尚未做过的事细致地付诸行动"，所以"才会出现在各个领域，在日本经济界大放异彩"。[13]

每个月的26日，小林都会在赤坂的一个叫作长谷川的日式饭馆里举办名为"二六会"的聚会，并委托三宅去邀请众人，这里聚集了很多的自由主义者和高尔夫球友。其中就有久米正雄（小说家）、芦田均（政治家）、清泽洌（新闻工作者）、笠间杲雄（外交官）、铃木文史朗（朝日新闻记者）等杰出成员。在二六会中，众人讨论了关于反法西斯论和非战争论的内容。因此，到了1944年，二六会开始被政府当局盯上，政府方面认为该聚会"聚集了一群危险的家伙"，聚会最终被中止。

即便如此，该聚会也举办了近10年。即使是像这样的二六会，小林也没讲过"停下来，同时换掉聚会成员"之类的话。[14] 这个逸闻让小林一三自由主义者的形象跃然纸上。对于小林的逝世，三宅深感惋惜，他曾讲过"如果小林能再得到一些天寿，便可以推动日本战后经济的发展了"。[15]

太田垣士郎

战后电力重新改组后，成为关西电力第一任社长的太田垣士郎，从京都帝国大学经济学部毕业后，便进入日本信托银行工作，之后又就职于阪急电铁。1946年12月京阪急行电铁成立，太田成为该公司的社长。太田垣也讲述了关于小林一三各个方面的故事，内容如下。

根据小林的方针，阪急电铁的公司职员在电车中不允许坐下。阪急电铁的公司职员大约有200—300人，若是上班高峰期的满员电车这样执行情有可原，但是，当车上人不是很多时，即使都坐下也不会造成多大的影响。实际上，小林想通过这一规定，给员工传达对待乘客所需具备的基本心理素质。由于小林自己也不会坐在座位上，所以员工们也必须如此，他是典型的以身作则的经营者。

当时，负责宣传业务车厢广告这一部分的员工，经常惹怒小林。由于员工怎么也改不好，小林此时就会愤怒地让其"停下，别干了！"有的员工被警告了之后递交辞职信，小林又会生气地讲道:"我说让你别干了,你就真的不干了?没想到还有这种笨蛋。"由此可以看出小林在严厉中还包含着对公司职员的关爱。

小林经常与事业融为一体,并要求公司每个成员都全面了解公司的经营状况。例如,即使你属于仓库组,也不能一点都不了解运输的知识。在车站绝不允许讲出诸如"由于组别不同所以不知道"之类的话,因为小林会公开共享公司内部的所有信息。

某一天的下午4点左右,由于丰中站广场的地面很脏,太田垣被小林训斥了一番。然而这一片区域其实是由联合公共汽车负责打扫的,责任并不在太田垣身上,但这在将所有经营都视为一个整体的小林看来,是谁的责任根本不重要。

下面一则是太田垣与小林同坐一列电车时发生的事情:大概有10—15名的宝塚歌剧团的学生上了车,小林问太田垣"从右边数起第几个学生叫什么名字",太田垣回答不知道。小林便责备他"都已经加入宝塚了,连歌剧团学生的名字都记不清,你还是别当科长了"。之后,太田垣反复看了很多次歌剧,努力把他们的名字都记了下来。在看歌剧期间,他开始对歌剧产生了兴趣,还给出了很多建议。也许小林的目的就在此吧。[16]

岩濑英一郎

岩濑英一郎担任过三井银行纽约分行的分行长，也担任过东京电灯的常务董事，后来进入三越，并在1943年就任该公司社长，成为引导战后百货商场业界的实业家。岩濑于1937年进入东京电灯，正值小林革新经营最辛苦的一段时间。关于小林一三，岩濑是这样讲述的："明确思考了实业家应承担的社会使命，并将这一想法贯彻到日常工作中。"[17] 他还从侧面讲述了小林作为东京电灯经营者的优秀之处，具体内容如下。

首先是人事政策。小林并没有随意改动人事，而是为了实现公司的社会使命，找出公司内部的人才，并以公正的态度进行人事处理。小林被迎入东京电灯时，没有做过拉帮结派、发展亲信之类的事情。而且，小林并不在意员工的学历门阀，以及过去的经历，而是根据能力进行人事调动。

在分店长会议上，小林也许会就各分店长的报告突然提出问题。对于懒惰之人来说，小林是一个可怕的存在。不过，对于那些热心投身工作的人，便会大受鼓舞。换言之"用人之时不可带有私心，必须以工作本位、公司的社会使命本位来管理员工"。

其次，是事业上的创意想法。由于当时处于电力过剩时代，小林为了能把电气卖出去着实操心，劝说普通大众多使用电气、电热等自不用说，还将目光聚集到属于电力消耗产业的化学肥料上，并创办了昭和肥料公司（后来的昭和电工），将以前白白流走而浪费掉的水用来水力发电，由此以低廉的价格供给电力。此外，为了消耗富士川水系输出的10万千瓦电力，小林又根据他在世界旅行期间，在俄罗斯的第聂伯河发电所参观学习得到的启发，创办了日本轻金属公司。小林经常思考一些新方案，并将它们付诸实践。

再者，小林作为经营者，责任感非常强。在大公司的社长当中，那种不管公司事务，沉迷于财界活动的社长有很多，但小林并不属于这一类人。从经营者的责任出发，小林对待工人运动也采取公正、坚决的态度。而且，他经常讲"必须重视资本，不可稀里糊涂借别人的钱"。若没有明确的预算，即使是从银行借钱也不会被允许。

对小林来说，不需要奉承话，斥责别人时一定有相应的理由。小林奉行"现实主义"，经常将"服务大众"这种精神融入事业中去。就像以上所述的那样，岩濑是这样论述作为实业家的小林的。[18]

虽然小林先生在企划方面很现实，但在他的内心深处，经常和大众一样，充满对追梦的年轻时期的迷恋。小林先生总是过着先于他人的生活，不过从未做过类似于自吹自擂的事情。

为了大众，经常带领大家着眼于遥远的未来，并拼尽全力去实现这个希望。小林晚年创办的巨蛋剧场，可以说是他梦想的产物。

所以，小林先生留下的各种各样的成果，一直都鲜活地存在于日本人的文化生活以及经济中，并且不断发展壮大。

与谢野晶子

众所周知，小林的志愿是当一名小说家，不过他在俳句和和歌方面的造诣也很深，他的一生都与俳句、和歌相伴。在1963年（昭和三十八年），以小林逝世7周年忌辰的法事为契机，将小林在1902—1908年吟咏的约1000首俳句，按年代顺序排列，整理成一本名为《未定稿》的俳句集，还出版了《鸡鸣集》，收录了余下的849首俳句和494首和歌，以及汉诗、狂歌等。

小林援助的歌人及作家还包括与谢野晶子。1911年9月23日，晶子给小林写了一封书信，拜托其购买"歌百首屏风"。书信中写道："冥思苦想仍不足往昔内容的1/4，甚愧。吾心亦痛，但愿您能施以援手，得到您的怜悯。"小林虽然明白晶子的目的是想让其为丈夫铁干的洋行出资，但还是体谅晶子的拼命努力。

小林接受了晶子的请求，给她寄去了一笔钱。晶子在9月30日寄给小林的书简中写道："恬不知耻地拜托您，甚至让您给我汇款，对此非常感谢。您提到的画已经委托给中泽弘光君，一旦完成即刻便给您送过去。"中泽弘光是负责晶子的著作《新译源氏物语》的装订和插图的画家，屏风交由中泽绘画，并在完成后即刻送去给小林先生。既然存在这样的书信，说明小林与晶子的交流应该在很早之前就开始了。

这么一来，洋行的费用也解决了，铁干也可以远赴欧洲。虽然稍晚一些，晶子也从敦贺坐船出发，前往符拉迪沃斯托克，后又乘坐经由西伯利亚的铁路前往巴黎。

晶子的丈夫铁干，在回国后的1915年3月，在众议院议员选举中成为候选人。晶子便又开始四处奔波，为丈夫筹集选举资金，并在1915年2月20日给小林写了一封信，信中写道"请给我100日元"，毫不客气地向小林要钱。不过，由于晶子丈夫本来就是个外行，所以最后以悬殊的差距落选。

晶子与丈夫铁干一起，于1917年5月第一次离开东京，从被称为"歌行脚"的地方出发，前往六甲山苦乐园。在那里滞留了两星期左右，6月12日，夫妇二人途经冈山，前往九州，并在若松、福冈、天川等地写字作画，于27日返回六甲山，并于7月9日回到东京。

六甲山苦乐园是通过镭温泉，作为正式的保养胜地发展起来的，有很多知识分子都会来此拜访。晶子滞留在这里的那段时间，他们夫妻二人到宝塚、大阪以及其出生地堺市等地，努力在屏风、怀纸、短册上写字画画。这段时期，小林还从与谢野晶子那里购买怀纸等物品，并请她去观看了宝塚少女歌剧演出。

与谢野晶子在拜访小林的住宅时，曾在其扇子上写字绘画，还顺便观摩了小林刚刚买下的由上田秋成所作的《源氏物语五十四首短册贴交屏风》。1920年1月25日，晶子在给小林寄去的长信中附带了54枚《源氏物语礼赞歌》的短册，小林给她送去了谢礼和现金。小林同与谢野晶子的交流便是如上这般进行的。1942年5月，当64岁的晶子去世时，小林吟咏道："留下了如数万颗星星一样闪耀的诗歌后，便香消玉殒了。"[19]

濑津伊之助

立志成为西洋画画家的濑津伊之助之所以成为美术商，是受到了北大路鲁山人的劝诱。在其35岁那年年底，濑津转行为美术商，开设了名为"雅陶堂"的店。濑津在一个名为《茶碗》（宝云舍）的杂志上，打了一则"便宜、有欣赏性的陶瓷器"

的广告后,小林一三对他讲道:"你的广告写得很有趣",还与其同父异母的弟弟田边加多丸一起拜访了濑津的店。[20] 自此直到小林去世,两人一直保持着深交。

濑津写了一篇很有小林风格的文章,据说小林经常这样说:[21]

我一点都不想做让茶具商亏本的事情。无论如何也要让茶具商有一成利润,否则他们会亏本。如果无视这一点,这种吃亏的想法会一直在他脑中盘旋,可能不知何时就会跟你要回来。若是让对方产生这种想法的话,自己最终还是要吃亏的。

无论什么事都以理服人,很有小林语录的风格。因此,即使小林说:"很想要这个东西,不过价格不太合适。"他也不会讲任何让濑津降价的话。同行中,有人认为"小林先生令人感到害怕",不过在濑津看来,他是一位很平易近人的客人。

有一次,小林与濑津在东京电灯谈话,当时正值小林即将访问欧洲之际,部长级员工前来问候小林,都被小林严厉批评:"现在是执行任务的时间,像问候这种事在休息时间来做就可以了。"小林在公私分明上的要求很严格。[22]

注释：

1　小林一三"逸翁自叙传"《全集》第 1 卷 64 页。

2　同上，71 页。

3　同上，74 页。

4　同上，128 页。

5　同上，217 页。

6　同上，45 页。

7　同上，99 页。

8　石山贤吉 [1961]，"追慕小林一三先生"小林一三老先生追想录编撰委员会编《小林一三老先生的追想》(阪急电铁) 60—62 页。

9　高碕达之助 [1961]，"思念小林一三先生"上述《小林一三老先生的追想》102 页。

10　同上，103—105 页。

11　大屋晋三 [1961]，"小林先生与我"上述《小林一三老先生的追想》184—185 页。

12　同上，188 页。

13　三宅晴辉 [1961]，"两三点记忆"上述《小林一三老先生的追想》189 页。

14　同上，190 页。

15　同上，191 页。

16　太田垣士郎 [1961]，"训斥的意义——生气方法·教育方法"上述《小林一三老先生的追想》274—279 页。

17　岩濑英一郎 [1961]，"被教授的东西"上述《小林一三老先生的追想》354 页。

18 同上，360页。

19 以上都来自于：伊井春树[2011]，"与谢野晶子与小林一三"逸翁美术馆编《与谢野晶子与小林一三》（思文阁出版）。

20 濑津伊之助[1961]，"让客人赚钱的商法"（逸翁的话）上述《小林一三老先生的追想》600页。

21 同上，602页。

22 同上。

"企业家小林一三"简略年表

公历	和历	年龄	相关事项	社会状况
1873	明治六年	0	1月3日，在山梨县北巨摩郡韭崎町出生；8月22日，母亲菊野永眠	7.28《土地税改正条例》
1875	明治八年	2	这一年，继承分家的家主之位	5.7签字桦太·千岛交换条约
1878	明治十一年	5	这一年，入学公立小学韭崎低等小学学校第8级	5.4股票交易所条例
1880	明治十三年	7	这一年，公立小学韭崎学校修建新校舍，移到藏前院，时读普通小学7年级	12.16第一次南非战争
1885	明治十八年	12	12月，从小学高等科毕业	12.22第一次伊藤博文内阁成立
1886	明治十九年	13	这一年，入学山梨县东八代郡南八代村的加贺美嘉兵卫的私塾·成器舍	诺曼通号事件
1887	明治二十年	14	夏天，伤寒，从成器舍退学	9.21在横滨铺设日本首家水道设施
1888	明治二十一年	15	2月，为了在庆应义塾学习而进京；参加入学考试，进入益田英次的寄宿宿舍；9月，在本学院的童子宿舍里，成为宿舍杂志《宿舍的灯》的主笔	4.25公布市制和町村制

335

续表

公历	和历	年龄	相关事项	社会状况
1890	明治二十三年	17	4月,在《山梨日日新闻》上连载小说《练丝痕》; 最近,在《国民新闻》的委托下,埋头书写《在歌舞伎剧场看剧评家记》	11.25召集帝国议会
1892	明治二十五年	19	2月,中上川彦次郎就任三井银行副长; 12月,从庆应义塾毕业,回到故乡韭崎	6.21公布铁道铺设法
1893	明治二十六年	20	4月,入职三井银行,在东京总店秘书科工作; 9月,调到大阪分公司去,被分配在金库系,在文学杂志《这花绘图小说》上发表短篇小说《平相国》	4.14公布出版法、版权法
1895	明治二十八年	22	9月,岩下清周赴任三井银行大阪分店长	4.17签署下关条约
1896	明治二十九年	23	1月,调到杂务组; 9月,岩下清周从三井银行辞职,计划成立北浜银行	4.6举办第一届雅典奥运会
1897	明治三十年	24	调到名古屋支店工作,平贺敏是分行长; 2月,岩下清周的北浜银行开业	10.1实施金本位制
1898	明治三十一年	25	10月,发行《名古屋银行青年会杂志》	
1899	明治三十二年	26	2月,平贺敏就任大阪分店长; 8月,调到大阪分公司去,任贷款股长。这一年,大阪分公司《业务周报》开始发行	2.1东京—大阪间电话开通
1900	明治三十三年	27	10月,与丹羽幸结婚; 12月,荣升东京箱崎仓库主任的非正式提示	3.10公布治安警察法
1901	明治三十四年	28	1月,单身到东京,箱崎仓库主任的升迁,变成副职; 6月,长子富佐雄出生	11.18国营9番炼铁厂开工

续表

公历	和历	年龄	相关事项	社会状况
1905	明治三十八年	32	这个时候,被三井物产及三越吴服店以优越条件发出邀请,不过最后都没成立	9.5签署朴次茅斯条约
1906	明治三十九年	33	1月,箕面有马电气铁路(后来轨道)股份公司创立发起人会设立	3.31铁道国有法公布
1907	明治四十年	34	1月,从三井银行辞职; 4月,就任阪鹤铁路监察; 6月,成为箕面有马电气轨道创立的追加发起人; 10月,召开箕面有马电气轨道的创立大会,担任专务董事	6.4别子铜山暴动
1908	明治四十一年	35	10月,岩下清周就任箕面有马电气轨道的社长; 10月,发行"最有前途的电车"册子	6.22红旗事件
1910	明治四十三年	37	3月,箕面有马电气轨道宝塚线、箕面支线开始营业; 11月,箕面动物园开园	8.22和韩国签订合并条约
1911	明治四十四年	38	5月,宝塚新温泉开始营业	10.10在中国兴起辛亥革命
1912	明治四十五年	39	2月,宝塚—西宫之间的轨道铺设工程施行获得批准; 7月,在宝塚新温泉内开设新馆天堂	7.30明治天皇驾崩、改元大正
1913	大正二年	40	7月,组建宝塚唱歌队(后来的少女歌剧、歌剧团)	10.6日本政府认可中华民国
1914	大正三年	41	4月,宝塚新温泉天堂被改造为剧场,进行宝塚少女歌剧第一次公演; 6月,岩下清周辞去北浜银行的总裁之位; 8月,丰后住宅地开始出售	7.28第一次世界大战爆发
1915	大正四年	42	1月,岩下清周辞去箕面有马电气轨道社长之职,平贺就任社长	1.18中国政府要求废除二十一条
1916	大正五年	43	3月,箕面动物园废止	9.1施行工厂法

续表

公历	和历	年龄	相关事项	社会状况
1918	大正七年	45	10月，复任箕面有马电气轨道专务董事； 2月，将箕面有马电气轨道股份公司改称为阪神急行电铁股份公司； 5月，在帝国剧场举行宝塚少女歌剧的东京首次公演； 12月，宝塚音乐歌剧学校的创立获得批准，就任校长	11.11第一次世界大战结束
1919	大正八年	46	3月，宝塚新温泉的歌剧新剧场竣工	1.18巴黎媾和会议
1920	大正九年	47	7月，神户干线本线、伊丹支线开业； 11月，梅田的阪急大厦竣工，将一楼借给白木屋，在二楼开设食堂	3.15在战后发生了经济危机
1921	大正十年	48	12月，受第一生命保险的矢野恒太的委托，出席东京的田园都市公司及荏原铁路（后来目黑蒲田电铁）的董事会	11.4原敬被暗杀
1922	大正十一年	49	1月，今津发电有限公司创立，就任监察	2.6华盛顿海军军缩条约
1923	大正十二年	50	1月，宝塚新温泉及浴场以外的剧场、游乐园、食堂等全被烧毁	9.1关东大地震
1924	大正十三年	51	7月，宝塚大剧场（容纳4000人）竣工； 10月，就任东京横滨电铁监察	7.31阪神甲子园球场完成
1925	大正十四年	52	12月，就任目黑蒲田电铁监察	4.22公布治安维持法
1926	大正十五年	53	11月，就任第一生命保险的监察； 12月，西宫—今津间通车，西宝线改称为今津线	12.25大正天皇驾崩，改元昭和
1927	昭和二年	54	3月，就任阪急电铁社长； 7月，就任东京电灯股份公司董事	3.15发生金融危机
1928	昭和三年	55	3月，就任东京电灯副社长； 10月，创立昭和肥料股份公司，并就任监察	4.10日本商工会议所设立

续表

公历	和历	年龄	相关事项	社会状况
1929	昭和四年	56	4月，阪急百货店开业	10.24美国股票市场大暴跌
1932	昭和七年	59	8月，创办东京宝塚剧场，就任初代社长	5.15五一五事件
1933	昭和八年	60	11月，就任东京电灯社长	3.27通告由国际联盟的脱出
1934	昭和九年	61	1月，辞去阪急电铁社长，就任会长	7.8冈启介内阁成立
1935	昭和十年	62	9月，欧美视察	8.3发表国体明徵声明
1936	昭和十一年	63	6月，池田市雅俗山庄竣工； 10月，辞去阪急电铁会长职务； 12月，兼任东京电灯会长	2.26二二六事件
1937	昭和十二年	64	1月，就任第一酒店顾问； 9月，创办东宝电影股份公司，担任顾问； 10月，在通信省临时电力调查会第二届大会提出"电力统制案"	7.7卢沟桥事件（中日战争开始）
1939	昭和十四年	66	3月，创办日本轻金属股份公司，并就任社长； 4月，创办日本发送电气股份公司，并就任理事	9.1第二次世界大战爆发
1940	昭和十五年	67	3月，辞去兼任的东京电灯社长职务（继续当会长）； 4月，作为经济使节团前往意大利； 7月，成为第二次近卫内阁的商工大臣； 8月，被任命为荷属东印度特派使节	10.12发起大政翼赞会
1941	昭和十六年	68	4月，辞去工商大臣职务	12.8太平洋战争开始
1942	昭和十七年	69	3月，解散东京电灯	6.5中途岛海战

339

续表

公历	和历	年龄	相关事项	社会状况
1943	昭和十八年	70	10月，阪急电铁与京阪电气铁道合并，公司名称改为京阪神急行电铁； 12月，东京宝塚剧场与东宝电影合并，公司名称改为东宝	2.1日本军从瓜达尔卡纳尔岛撤退
1944	昭和十九年	71	3月，宝塚大剧场倒闭； 7月，宝塚植物园改名为宝塚厚生游乐园，并举行开园仪式	7.7日本在塞班岛的守岛军队全军覆灭
1945	昭和二十年	72	10月，被任命为币原内阁的国务大臣； 11月，就任战败复兴院总裁	8.15昭和天皇的玉音广播
1946	昭和二十一年	73	3月，开除公职； 4月，辞掉国务大臣兼战败复兴院总裁	11.3颁布日本国宪法
1947	昭和二十二年	74	2月，召开阪急百货公司创立大会； 3月，京阪神急行电铁将百货店部门转让给阪急百货商店	5.3施行日本国宪法
1948	昭和二十三年	75	10月，东宝争议妥协	11.12远东国际军事法庭判决
1950	昭和二十五年	77	9月，长子富佐雄就任东宝社长	6.25朝鲜战争爆发
1951	昭和二十六年	78	8月，解除开除公职； 10月，就任东宝社长	9.8旧金山条约
1952	昭和二十七年	79	10月，为了视察欧美的电影界前往美国	8.13日本加盟国际基金组织
1953	昭和二十八年	80	1月，出版《逸翁自叙传》	2.1 NHK电视台开始放送
1954	昭和二十九年	81	4月，举行宝塚歌剧40周年纪念仪式	7.1陆海空自卫队成立

公历	和历	年龄	相关事项	社会状况
1955	昭和三十年	82	9月,辞去东宝社长,担任顾问	11.15自由民主党成立
1956	昭和三十一年	83	2月,成立新宿巨蛋·体育场,就任社长; 4月,成立梅田巨蛋·体育场,就任社长	7.17发表《已经不是战后了》经济白皮书
1957	昭和三十二年	84	1月25日,在池田市家中长眠	2.25岸信介内阁成立

※ 本年谱由阪急电铁股份公司发行《小林一三日记》第3卷(1991年)依据其收集的"小林一三年谱"。

※ 关于年龄,"相关事项"的时间按照小林一三的足岁来记录。

写在 PHP 经营丛书 "日本的企业家" 系列发行之际

本套丛书介绍了像日本明治时期的涩泽荣一那样优秀的几位企业家。他们将日本商业在中世纪和近代的奋斗精神发扬光大，引领了近代的发展。日本在昭和时期饱受战争之苦，此后能快速复兴正是因为这些企业家的不懈努力。他们团结和领导人们，为实现社会富裕作出了杰出的贡献。1946年（昭和二十一年）11月创立本公司的松下幸之助就是其中的一人。他一方面励精图治致力于经营事业，另一方面又以"人乃万物之灵"为理念，通过本公司的各种活动向世人展示了繁荣、和平、幸福的美好愿景。

我们秉持着尊敬这些创时代的企业家的态度，汲取他们的人生智慧。在了解这些优秀企业家之后，通过他们的人生经历和经营历史一定会获得现实性的启示。秉承这种信念，为纪念公司创立70周年，决定发行PHP经营系列丛书。在策划本套丛书时，首先选取了活跃在日本近现代，重视经营理念的企业家们，一人做成一卷。松下幸之助以展现言微旨远的寓意为初衷，将宣传图标设计为两匹头部相对，在天空翱翔的飞马，给人以尊重个体、旨在和谐的印象。"以史为鉴可知战略，洞察人心"——基于史实和研究成果所撰写的本套丛书如蒙钟爱，我们将不胜欣喜。

株式会社PHP研究所

2016年11月

KOBAYASHI ICHIZO
Copyright © Yoshinobu OIKAWA
First publiished in Japan in 2017 by PHP Institute,Inc.
Simplified Chinese translation rights arranged with PHP Institute,Inc.through
Beijing Hanhe Culture Communication Co.,Ltd
Simplified Chinese edition copyright © 2019 New Star Press Co., Ltd.
All rights reserved.

著作版权合同登记号：01-2018-1537

图书在版编目（CIP）数据

小林一三／（日）老川庆喜著；陈娣译．
--北京：新星出版社，2019.6
ISBN 978-7-5133-3394-8
Ⅰ．①小… Ⅱ．①老… ②陈… Ⅲ．①企业管理-经验-日本
Ⅳ．① F279.313.3

中国版本图书馆 CIP 数据核字（2018）第 077323 号

小林一三

[日]老川庆喜 著；陈娣 译

策划编辑：杨英瑜
责任编辑：杨英瑜
责任校对：刘　义
责任印制：李珊珊
装帧设计：斑　马

出版发行：新星出版社
出 版 人：马汝军
社　　址：北京市西城区车公庄大街丙3号楼　　100044
网　　址：www.newstarpress.com
电　　话：010-88310888
传　　真：010-65270499
法律顾问：北京市岳成律师事务所

读者服务：010-88310811　　service@newstarpress.com
邮购地址：北京市西城区车公庄大街丙3号楼　　100044

印　　刷：北京美图印务有限公司
开　　本：787mm×1092mm　　1/32
印　　张：11.125
字　　数：200千字
版　　次：2019年6月第一版　　2019年6月第一次印刷
书　　号：ISBN 978-7-5133-3394-8
定　　价：68.00元

版权专有，侵权必究；如有质量问题，请与印刷厂联系调换。